Liebschaften und Greuelmärchen

Liebschaften und Greuelmärchen

Die unbekannten Zeichnungen von Heinrich Mann

Herausgegeben von Volker Skierka

Mit Beiträgen von Hans Wißkirchen und Marje Schuetze-Coburn

Büchergilde Gutenberg

Inhalt

GOOD HUMOR

VOLKER SKIERKA

Der »erotische Demokrat«[1]
Heinrich Manns unbekannte Zeichnungen
von Liebschaften und Greuelmärchen

»Das Leben besteht, wie das Variété, aus Nummern,
die zehn Minuten arbeiten. Manchmal ist's eine Attraktion,
manchmal ein Reinfall.« *Heinrich Mann*[2]

Der Fund

Feierlich wurde im Sommer 1995 die neuerrichtete »Lion Feuchtwanger Memorial Library« auf dem Gelände der University of Southern California (USC) in Los Angeles eingeweiht, finanziert aus dem ererbten Vermögen von Lion und Marta Feuchtwanger. Der aus München stammende jüdische Schriftsteller war 1958 im kalifornischen Exil gestorben, seine Witwe Marta 1987. In die neuen Räumen wurden die wertvollsten Bestände aus der Feuchtwangerschen Bibliothek integriert, rund 8000 der schätzungsweise 30000 Bände des bibliophilen Autors. Diese waren bis dahin in der »Villa Aurora«, dem ehemaligen Wohnhaus der Feuchtwangers in Pacific Palisades, untergebracht. In dem zur neuen »Feuchtwanger Memorial Library« der USC gehörenden begehbaren Safe waren aber auch die Bestände an unveröffentlichtem Material untergebracht, die Marta Feuchtwanger Professor Harold von Hofe, dem langjährigen Freund und Nachlaßverwalter des Ehepaares, vermacht hatte. Der Germanist von Hofe ist Herausgeber der Feuchtwanger-Briefwechsel und anderer Werke im Zusammenhang mit der deutschen Exilliteratur.

Der Herausgeber dieses Bandes war zur Eröffnung der Bibliothek als Feuchtwanger-Biograph und Mitbegründer eines Freundeskreises zur Rettung der einstmals abrißbedrohten »Villa Aurora« eingeladen. An einem der folgenden Tage, beim Durchsehen einiger Materialien mit der Bibliothekarin Marje Schuetze-Coburn, kam das Gespräch auf die Hinterlassenschaft von Heinrich Mann, von der man wußte, daß sich einiges in Feuchtwangers Besitz befand. Eher nebenbei wurde erwähnt, daß sich beim sukzessiven Ordnen des Nachlasses von Marta Feuchtwanger große Mengen Zeichnungen Heinrich Manns angefunden hätten. Sie lagerten nun, Blatt für Blatt sorgfältig in dünnen Mappen aneinandergereiht, in mehreren Papp-Boxen im Tresorraum der Library. Sie wurden herbeigeholt

und gesichtet. Knapp 400 Bleistiftzeichnungen Heinrich Manns kamen zum Vorschein, ganz offensichtlich in den vierziger Jahren entstanden, in Zyklen sortiert und seither anscheinend vergessen. Es war eine bewegende, kaum für möglich gehaltene sensationelle Entdeckung. Mann-Kennern und Forschern war bekannt, daß Heinrich Mann gezeichnet hatte, doch kannte man nichts von ihm, bis auf wenige Blätter im Heinrich-Mann-Archiv der Akademie der Künste in Berlin, darunter ein Skizzenbuch mit gezeichneten Erinnerungen an die Kindheit und Jugend in Lübeck. Ansonsten galt sein »graphisches Werk« als verloren. Nun aber lagen Hunderte seiner Blätter auf dem Tisch, gezeichnet in einem Stil, der zwischen George Grosz, Rudolf Schlichter und Otto Dix einzuordnen ist.

Die Themen des Konvoluts sind vielfältig: Sie reichen von Varieté- und Bordellszenen über drastische politische Satire und die Darstellung literarischer und historischer Charaktere bis zu der Verarbeitung, Vorbereitung oder Nachbereitung eigener und fremder literarischer Werke. Sehr oft stehen dabei erotisch-sexuelle Beziehungen und Begegnungen im Vordergrund. Der Fund, weil er ein neues, erweitertes Bild von Heinrich Mann versprach, verlangte danach, publiziert zu werden. Nach längeren, sich hinziehenden Verhandlungen liegt nun ein repräsentativer Ausschnitt von rund 150 Zeichnungen dieses Konvoluts vor. Zu danken ist hier insbesondere den Erben von Heinrich Mann, seinen Enkeln Jindrich und Ludvik Mann, für ihre Mitwirkung an der Auswahl der in diesem Buch gedruckten Bilder. So verständnisvoll ihre Kooperation im Hinblick auf die Bedeutung des Fundes war, so war diese Mitwirkung doch stets auch getragen von der Sorge um das Ansehen ihres Großvaters und seines Erbes. Das hatte zur Folge, daß sie sich nur zur Freigabe der in diesem Band wiedergegebenen Blätter bereitfinden konnten. (Die nicht veröffentlichten Zeichnungen werden nach Abschluß des Buch- und Ausstellungsprojektes zusammen mit den anderen in der Feuchtwanger Memorial Library in Los

7

Angeles der Forschung zugänglich gemacht werden.) Diese sind allerdings auch die literaturgeschichtlich und künstlerisch wichtigsten. Bei dem, was in dem vorliegenden Band abgedruckt ist, wurde indessen größter Wert auf eine authentische Präsentation gelegt. Die einzelnen Blätter sind in höchster technischer Qualität und Auflösung auf bestem Papier fast durchweg im Originalformat wiedergegeben.

Die Veröffentlichung der Zeichnungen und Skizzen sowie des im Anhang veröffentlichten kompletten Konvolutverzeichnisses ermöglicht nicht nur für Heinrich Mann-Kenner und Literaturliebhaber einen neuen Blick auf »ihren« Autor, sondern stellt auch für ein größeres Publikum einen teilweise neuen Zugang zu den künstlerischen Werken Heinrich Manns dar. Sie wird das Bild über ihn erweitern, bestätigen und zum Teil verändern und damit auch eine Neubetrachtung zumindest eines Teils des literarischen Werkes von Heinrich Mann provozieren und erforderlich machen.

Neu ist, daß erstmals auch ein Zusammenhang zwischen Heinrich Manns literarischer und zeichnerischer Aktivität für die Jahre im amerikanischen Exil nachgewiesen werden kann. Diese Aspekte ergeben sich vor allem aus der inhaltlichen Analyse und Werkzuordnung der Blätter, die Dr. Hans Wißkirchen, der Leiter des Heinrich-und-Thomas-Mann-Zentrums in Lübeck, unter Mitwirkung von Petra Schotte vorgenommen hat und die Forschern als Anregung für weitergehende Untersuchungen und Interpretationen dienen soll. Marje Schuetze-Coburn, die Leiterin der Feuchtwanger Memorial Library der University of Southern California (USC) in Los Angeles, beschäftigt sich in ihrem Essay mit der persönlichen und beruflichen Situation Heinrich Manns im amerikanischen Exil der vierziger Jahre.

Erstmals wird damit einem großen Publikum die Möglichkeit geboten, sich Heinrich Mann auch über den bildkünstlerischen Bereich zu nähern und spannende neue Verbindungslinien zu seiner Literatur zu ziehen. Außerdem können neue Rückschlüsse auf die politische und künstlerische Szene der vierziger Jahre in den USA und in Deutschland gezogen werden.

»Liebschaften und Greuelmärchen«, der durch die grausam erotische Szene von der nackten Salomé mit dem Kopf Johannes des Täufers unterlegte Titel dieses Buches, ist nicht nur unmittelbar eigenhändigen Bildunterschriften oder Zyklentiteln Heinrich Manns entlehnt. »Liebschaften und Greuelmärchen« beschreibt auch den emotionalen Spannungsbogen, den das vorliegende graphische Werk umfaßt, es steht überdies für die Biographie des Schriftstellers sowie für das Zeitalter, in dem er gelebt und gearbeitet hat. Schließlich bezeichnet der Titel auch das so andere politische und erotische Leben, das Heinrich und Thomas Mann neben- und gegeneinander geführt haben.

Verwehte Spuren

»Heinrich Mann habe ich zum letzten Mal am Donnerstag gesehen«, schrieb Lion Feuchtwanger, seit Jahrzehnten einer seiner engsten Freunde, am 15. März 1950, wenige Wochen vor der geplanten Rückkehr Heinrich Manns nach Deutschland an Lou Eisler, die Ehefrau des Komponisten Hanns Eisler. »Er schien mir wieder etwas müder, war aber fest entschlossen, mit der ›Batory‹ am 17. April zu fahren. Am Freitag habe ich mit ihm telefoniert. Ich konnte ihm mitteilen, daß die Frage der Wiederverfilmung von ›Professor Unrat‹ viel besser stehe; der ›Alien Custodian‹ hatte einen sehr entgegenkommenden Brief geschrieben. An diesem Freitag [den 10. März, d. Hg.] hörte er bis elf Uhr nachts Radiomusik und ging dann zu Bett. Am anderen Morgen, sehr früh, konnte seine Haushälterin ihn nicht erwecken und telefonierte sogleich mit dem Arzt. Der konstatierte, daß Heinrich einen Gehirnschlag erlitten hatte, im Schlaf, und daß sein Fall hoffnungslos sei. Man rief einen zweiten Arzt und setzte ihn unter Oxygen. [...] Heinrich Mann lebte noch bis Samstag nacht, bis 11 1/2 Uhr. Marta und ich haben ihn noch um 8 Uhr abends gesehen, Hilde [Waldo, Feuchtwangers Sekretärin, d. Hg.] noch um 11 Uhr. Er schien vollkommen unverändert und lebendig, doch er war ohne Bewußtsein. Er wird heute beerdigt, auf dem Friedhof in Santa Monica.«[3] Feuchtwanger, der Weggefährte seit gemeinsamen Tagen in Berlin und im Exil, zunächst in Frankreich, dann in den USA, hielt die Trauerrede. Für Feuchtwanger war Heinrich Mann »unter den deutschen Schriftstellern«, denen es darum ging, »unser Jahrhundert nicht nur in ihren Büchern zu gestalten, sondern es durch sie zu verändern, [...] der größte«, wie er 1946 aus Anlaß von dessen 75. Geburtstag geschrieben hatte.[4]

Am selben Tag wie die Feuchtwangers hatte ihn auch sein Bruder Thomas zum letzten Mal besucht. Ihm fiel der »greisenhafte Eindruck körperlich« auf, den der Ältere auf ihn machte.[5] Am 11. März notierte Thomas Mann nüchtern in seinem Tagebuch: »Nach der Arbeit Nachricht, daß Heinrich morgens bewußtlos, unerweckbar, im Koma aufgefunden. [...] Gehirntod, bei noch schwach fortarbeitendem Herzen. K. [Katia, Thomas Manns Frau, d. Hg.] dort. Das Ableben eine Frage von Stunden. Natürliche Erschütterung ohne Widerstand gegen dies Geschehen, da es nicht zu früh kommt und die gnädigste Lösung ist.«[6] Zwei Wochen später wäre Heinrich Mann 79 Jahre alt geworden. Kurz vor seinem Tod hatten sich die beiden häufiger gesehen und gesprochen als sonst, um Einzelheiten der Übersiedlung Heinrich Manns nach Ostdeutschland vorzubereiten. Nach langem Zögern hatte er sich bereit gefunden, das ihm von der Regierung in Ostberlin angetragene Amt des Präsidenten der Akademie der Künste anzutreten. Er sollte nach elftägiger Überfahrt am 28. April 1950 mit dem polnischen Schiff »Batory« in Gdynia eintreffen und dort von Alfred Kantorowicz abgeholt werden.

Auch wenn nun nichts mehr daraus wurde, die DDR bekam »ihren« Heinrich Mann dennoch: Elf Jahre nach seinem Tod grub man die nahe dem Grab seiner 1944 aus dem Leben geschiedenen Frau Nelly beigesetzten Überreste Heinrich Manns aus und überführte sie in die »Hauptstadt der DDR«. Dort nahmen auf dem Dorotheenstädtischen Friedhof am 25. März 1961 DDR-Kulturminister Alexander Abusch und DDR-Staats- und Parteichef Walter Ulbricht »voll Liebe und für das ganze deutsche Volk die Urne Heinrich Manns in ihre kraftvollen Hände«.[7] Es war jener Ulbricht, über den Heinrich Mann einst, im Oktober 1937 im französischen Exil, voller Verärgerung an Feuchtwanger geschrieben hatte: »[...] Er ist ein vertracktes Polizeigehirn, sieht über seine persönlichen Intrigen nicht hinaus, und das demokratische Verantwortungsgefühl [...] ist ihm fremd. [...] Der U. will nur selbst zur Macht, ein in Deutschland aussichtsloses Unternehmen.«[8] Darin sollte Heinrich Mann sich jedoch irren. Wie groß muß Manns materielle Not und seelische Enttäuschung über seine Isolation in Amerika gewesen sein, daß er, dieser aufrechte Charakter, am Ende doch bereit war, dem Werben der Kulturfunktionäre dieses »vertrackten Polizeigehirns« nachzugeben. Rückblickend könnte man meinen, daß für ihn der einzige Ausweg, dem zu entkommen, darin bestand, sich hinzulegen und einfach zu sterben.

Als man nach Heinrich Manns Tod im März 1950 dessen Apartment in der 2145 Montana Avenue in Santa Monica auflöste, hielt Thomas Mann in seinem Tagebuch eine seltsame Entdeckung fest: »K. [Katia Mann, d. Hg.] berichtet von dem Fund einer Menge obszöner Zeichnungen in des Verstorbenen Schreibtisch. Die Nurse wußte davon, daß er jeden Tag gezeichnet, dicke nackte Weiber. [...] Erika holt die Blätter nebst einem fragw. Manuskript über Klaus aus der Wohnung ab.«[9]

Doch was ist danach mit den Blättern geschehen, wo sind sie geblieben? Man spekulierte, sie seien auf Veranlassung von Thomas Mann aus Scham oder anderen Motiven vernichtet worden oder verlorengegangen. Jedenfalls hörte man nie wieder etwas von Zeichnungen Heinrich Manns. Bis 1975 im Ostberliner Aufbau-Verlag unter dem Titel »Die ersten zwanzig Jahre« ein schmales Bändchen aus 35 verkleinerten Blättern erschien, die einem Skizzenbuch mit Ringheftung entnommen

waren und Szenen aus dem Elternhaus in Lübeck und dem sommerlichen Ferienort Travemünde zwischen 1875 und 1891 zeigen sowie Eindrücke seiner Reise als Dreizehnjähriger nach Sankt Petersburg festhalten.[10] »Die Bleistiftzeichnungen gelangten mit dem Nachlaßteil aus den USA in das Heinrich-Mann-Archiv der Akademie der Künste der Deutschen Demokratischen Republik«, schrieb Gotthard Erler vom Aufbau-Verlag in der Einleitung, ohne nähere Einzelheiten zu nennen.

Doch das sind nicht die »obszönen Zeichnungen«, die Thomas Mann erwähnte, und auch nicht die in der Bibliothek der USC gelagerten und entdeckten aus dem Nachlaß von Marta Feuchtwanger. Die Bildfolge in dem Buch gibt zwar auch Einblick in das Lübecker Hafen- und Rotlichtmilieu, ist ansonsten jedoch weder moralisch anstößig noch politisch spannend. Nur eines der Bilder zeigt entblößte Frauenkörper. Ansonsten enthält es im wesentlichen anspielungsreiche Szenen aus dem Familienleben der Manns und stellt Bezüge zu seinem Erinnerungsband »Ein Zeitalter wird besichtigt« her. Dieses Skizzenbuch gehörte vermutlich nicht zu jenem Nachlaßteil, den Thomas Mann aus seines Bruders Apartment hat abholen lassen, sondern zu dem umfangreichen Material, das Heinrich Mann unmittelbar vor seinem Ende bei Lion Feuchtwanger deponiert hatte: »Ich habe von Heinrich Mann kurz vor seinem Tode seine Manuskripte zur Durchsicht erhalten, es sind vier große Kisten«, schrieb Feuchtwanger am 7. August 1950, also ein knappes halbes Jahr nach Heinrich Manns Tod, an den gemeinsamen Freund aus Exiltagen in Frankreich, Alfred Kantorowicz.[11] »Es befindet sich unter den Manuskripten ein bisher unveröffentlichter halber Roman; leider haben wir vorläufig nur die letzte Hälfte entdecken können. Es besteht aber die Möglichkeit, daß sich unter dem noch nicht Überprüften die erste Hälfte findet. Sonst ist da ein Teil eines dramatischen Romans, der Friedrich den Großen zum Gegenstand hat; dieses Manuskript dürfte sich aber aus vielen Gründen vorläufig nicht zur Veröffentlichung eignen. Wohl aber sind vorhanden die Manuskripte beinahe aller Aufsätze und Reden, die Heinrich Mann im Exil gehalten hat, und daraus ließe sich vermutlich ein ansehnlicher Band zusammenstellen.« Der Schriftsteller Kantorowicz, der in Paris die »Deutsche Freiheitsbibliothek« für die von den Nationalsozialisten verbrannten und verbotenen Bücher geleitet hatte, war damals Professor für deutsche Literatur an der Ostberliner Humboldt-Universität und nach Heinrich Manns Tod damit beauftragt worden, eine Edition der Werke Heinrich Manns vorzubereiten und das Heinrich-Mann-Archiv aufzubauen. (Er ging wenige Jahre später in den Westen.)

In seinem Antwortbrief vom 13. September 1950 bekundet Kantorowicz: »Wir sind ja brennend an den Heinrich-Mann-Materialien interessiert. Das Heinrich-Mann-Archiv der Akademie der Künste, das unter meiner Leitung steht, ist dabei, alle verfügbaren Materialien auszuwerten. Wir haben erst unlängst kostbare Stücke der Korrespondenz zwischen Thomas und Heinrich Mann aus den Jahren 1910-1927 erhalten und mittlerweile entziffert. Auch Heinrich Manns etwa 4000 Bände starke Bibliothek ist eingetroffen und wird in diesen Tagen durchgesehen werden. Sie können sich also vorstellen, wie glücklich wir wären, die Heinrich-Mann-Manuskripte, die sich in Ihren Händen befinden, im Original oder in der Abschrift hierherzukommen. Bitte lassen Sie mich doch wissen, wie das am sichersten geschehen kann. Die Tochter und Erbin H. Manns, Frau Leonie Mann, hat mir in diesen Fragen plein pouvoir gegeben.«[12] Nach und nach trafen daraufhin in Ostberlin Sendungen aus Kalifornien mit Material aus dem Nachlaß ein. Aber ein Jahr später beklagt sich Kantorowicz: »Zu meinem Leidwesen haben wir weder von Ihnen, noch Thomas Mann, auch nicht von Frau Leonie Mann neues Material bekommen. Schrieben Sie nicht kurz nach dem Tode Heinrich Manns, daß sich in seinem Nachlaß auch das Manuskript des ›Fridericus‹-Romans (oder Fragments) befände? Hat sich sonst nichts Neues oder Interessantes im Nachlaß, soweit er Ihnen zugänglich ist, gefunden?«[13]

Feuchtwanger sträubte sich zunächst dagegen, das »Friedrich«-Fragment nach Ostdeutschland zu geben. Es sei »in einem solchen Zustand, daß es außer in einer philologischen Ausgabe kaum veröffentlicht werden kann; davon abgesehen bin ich so gut wie sicher, daß jetzt bei Ihnen die Veröffentlichung nicht erwünscht sein wird.«[14] Denn die sowjetischen Besatzer und das von ihnen errichtete Ulbricht-Regime hatten mit dem alten Preußen nichts im Sinn, was sie mit der Sprengung des Berliner Stadtschlosses nachhaltig zum Ausdruck brachten. Doch Kantorowicz drängte weiter: »Ich bitte Sie, mir (bzw. dem Heinrich-Mann-Archiv der Deutschen Akademie der Künste oder, wenn es für Sie bequemer ist, dem Aufbau-Verlag für mich) das ›Fridericus‹-Manuskript von Heinrich Mann zu senden und was sich dort noch an Interessantem in den Kisten finden mag, die bei Ihnen aufbewahrt sind. Sie dürfen ja gewiß sein, daß ich die Auswahl mit Takt, Verehrung und Liebe treffen werde. Sie dürfen mir alles anvertrauen, einschließlich der Briefe und auch das, was sich vielleicht für eine gegenwärtige Veröffentlichung nicht eignen würde. Ihnen brauche ich wohl kaum zu versichern, daß ich ein guter Sachwalter sein werde. Voreiligkeiten sind nicht zu befürchten.«

Schließlich gab Feuchtwanger nach. Er versprach, das »Friedrich«-Fragment »bestimmt« zu schicken, »aber erst später, da ich das Manuskript gerade jetzt nicht dem Transport anvertrauen will«. Mit »gerade jetzt nicht« spielte er womöglich auf die politische Lage in der DDR an; denn er schrieb den Brief im August 1953, knapp sieben Wochen nach dem Volksaufstand vom 17. Juni. Danach ist von dem Fragment nicht mehr die Rede. Daß es irgendwann in Ostberlin eintraf, davon zeugt der 1958 im Aufbau-Verlag in einer Ausgabe von 300 Exemplaren erschienene und ausdrücklich nur für interne Zwecke bestimmte Sonderdruck aus der DDR-Kulturzeitschrift »Sinn und Form«. Von Hofe merkt in dem von ihm herausgegebenen Briefwechsel an, daß Feuchtwanger »das meiste« aus den vier Kisten dem Heinrich-Mann-Archiv zukommen ließ. Heinrich-Mann-Biograph Willi Jasper gibt an, daß die Ostberliner Akademie der Künste im Laufe der Jahre 22 000 Blatt Werkmanuskripte, Briefe, persönliche Urkunden, Geschäftsunterlagen, Fotos und seine aus 4000 Bänden bestehende Arbeitsbibliothek bekam. Lediglich »einige Materialien« befänden sich laut von Hofe noch im Feuchtwanger-Archiv, wie »Briefe, Aufzeichnungen und einige Manuskripte«. Niemals allerdings gab es in der veröffentlichten Korrespondenz Feuchtwangers um den Mann-Nachlaß einen Hinweis auf irgendwelche Zeichnungen. Auch Thomas Mann hat sich später – soweit bekannt – nicht mehr über jene von Katia gefundenen Blätter geäußert. Das Thema verlor sich.

Unter den in der Lion Feuchtwanger Memorial Library in der University of Southern California entdeckten annähernd 400 Bleistiftzeichnungen Heinrich Manns befindet sich auch ein »Fédéric«-Zyklus. Die Motive der Blätter decken sich mit Szenen des Romankonzepts über Friedrich den Großen (siehe den Beitrag von Hans Wißkirchen). Aber wie kamen diese Blätter ins Feuchtwanger-Archiv? Der Feuchtwanger-Nachlaßverwalter von Hofe erklärte dazu, sie hätten zur Hinterlassenschaft von Marta Feuchtwanger gehört. Nach von Hofes Angaben war die Feuchtwanger-Bibliothek »schon seit dem Jahr 1959 im Besitz der University of Southern California«. »Vor seinem Tode hat Heinrich Mann seine Zeichnungen der Feuchtwanger-Witwe geschenkt und übergeben. In ihrem Testament hat Marta Feuchtwanger festgelegt, daß alle ›unveröffentlichte[n] Dokumente‹ mir gehören; genauer: sie hat alle ›unveröffentlichte[n] Dokumente‹ mir vermacht. Zu den unveröffentlichten Dokumenten gehören die Zeichnungen Heinrich Manns, etwa dreihundertachtzig. Letztes Jahr habe ich die Zeichnungen Heinrich Manns der University of Southern California geschenkt. [...] Ich bin übrigens gerne bereit, über die Zeichnungen Heinrich Manns eine eidesstattliche Erklärung abzugeben«, erklärte von Hofe weiter.[15]

Harold von Hofe, der langjährige Sachwalter deutscher Exilgeschichte an der amerikanischen Westküste, der viele der hier gestrandeten Emigranten seit den vierziger Jahren persönlich kannte, hatte vor allem zu den Feuchtwangers ein sehr enges Verhältnis. Er sei »viele Jahre lang mit Marta Feuchtwanger befreundet« gewesen. »In den letzten zwanzig Jahren [von] Marta Feuchtwangers Leben, die Oktober 1987 gestorben ist, habe ich mit ihr gearbeitet. Ich war mindestens zweimal die Woche bei ihr. In den letzten Monaten ihres Lebens, als sie im Heim lag, war ich drei oder vier mal die Woche bei ihr.«[16]

Die Übergabe der Blätter an Marta Feuchtwanger durch Heinrich Mann noch vor seinem Tode impliziert, daß es sich nicht um jene Zeichnungen handeln kann, auf die Katia Mann nach dem Tode von Heinrich Mann in dessen Schreibtisch stieß und auf die sich Thomas Manns Tagebucheintrag bezieht. Hofes Erklärung bedeutet vielmehr, daß Katia Mann nur einen Teil der Zeichnungen von Heinrich Mann gesehen hat. Der Verbleib dieser dann von Erika aus der Wohnung abgeholten Blätter bleibt mithin weiter ungeklärt. Es gab das Gerücht, daß Thomas Mann deren Vernichtung angeordnet haben soll. Stefan Ringel behauptet in seiner Heinrich-Mann-Biographie, Erika sei von Thomas damit beauftragt worden, die Blätter nebst dem fragwürdigen Manuskript über Klaus »aus der Wohnung verschwinden zu lassen«.[17]

Es ist keineswegs abwegig, sondern durchaus nachvollziehbar, daß Heinrich Mann Marta Feuchtwanger Zeichnungen geschenkt hat, so wie er seine vier Materialkisten an Lion Feuchtwanger übergeben hatte. Mann und die Feuchtwangers hatten ein besonders enges Freundschafts- und Vertrauensverhältnis. Bisweilen schien es gar wie eine geschwisterliche Beziehung. Eine, die anders war als die zwischen Heinrich und Thomas, über die Thomas' Lieblingstochter Erika später die seltsame Formulierung fand: »Wenn Erotik unter anderem ›Reiz‹ bedeutet, – im Doppelsinn des Wortes, so war, unter anderem, diese Beziehung eminent erotischer Natur. Bis zur Lebensmitte – bis zu Bruch und Versöhnung – war Thomas der Liebende (weil Leidende) gewesen. Schließlich, gegen Ende, stand es umgekehrt. Heinrich liebte. Wahrscheinlich litt er. Ihre Brüderlichkeit aber stand fortan im Zeichen der Vorsicht, einer fast ängstlichen Rücksichtnahme aufeinander. Nach außen hin wirkte das geradezu absurd, wie denn auch ein T.M.[Thomas Mann, d. Hg.]-Sekretär berichtet, er habe seinen Augen kaum getraut, angesichts des Zeremoniells, das da waltete und an zwei hochgestellte Diplomaten weit eher denken ließ als an ein Brüderpaar.«[18]

Wie gut und lange Marta Feuchtwanger ihren Heinrich Mann kannte, sie derartige Zeichnungen deshalb auch kaum aus der Fassung bringen konnten, offenbarte sie 1986, kurz vor ihrem Tod, in einem Interview mit Wilfried F. Schoeller für den Hessischen Rundfunk. Heinrich Mann habe schon vor dem ersten Weltkrieg einen großen Einfluß auf Autorenkollegen ausgeübt, und zwar wegen seiner »sehr erotischen Einstellung«. Bei ihm habe weniger das Politische, sondern vielmehr »das Erotische« im Vordergrund gestanden.[19] Thomas Mann indessen mag sich beim Anblick der Blätter an seine 1918 gemachten Bemerkungen in seinen »Betrachtungen eines Unpolitischen« erinnert haben. In seinen Augen schrieb Heinrich damals »Romane voll aphrodisischer Pennälerphantasien, Kataloge des Lasters, in denen keine Nummer vergessen war«.[20]

Varieté: Friedrich der Große und das Hitlermädel Hilda

Selbst wenn es aufgrund der vertrauten Beziehung des ansonsten recht einsam in Kalifornien lebenden Heinrich Mann zu den Feuchtwangers plausibel erscheint: Auf den ersten Blick mag es dennoch merkwürdig erscheinen, vielleicht sogar mißverständlich sein, weshalb ein angesehener Schriftsteller im Alter von fast 80 Jahren in seinem letzten Lebensjahrzehnt entstandene erotische, teilweise sehr deftige Zeichnungen ausgerechnet der Ehefrau eines seiner besten Freunde geschenkt haben soll. Wenn es denn einfach ein Stapel »obszöner« Zeichnungen eines alternden Lebemannes gewesen wäre, hätte man das vielleicht als Ausdruck einer alterssenilen Frivolität dieses großen Dichters sehen können. Aber Marta Feuchtwanger kannte Heinrich Mann seit den ersten Jahren des Jahrhunderts, und sie kannte ihn gut genug, um ein solches »Geschenk« nicht als Anzüglichkeit zu empfinden. Sie war überdies reich an Lebenserfahrung geworden im Umfeld ihres Mannes und seiner Kollegenschaft, bewies gute Nerven, in persönlichen Beziehungen war ihr nichts Menschliches fremd. Sie konnte auch einem Freund ihres Mannes eine verständnisvolle Vertraute sein. Und es mag im Wesen und der Natur Heinrich Manns gelegen haben, daß er sich in diesen Dingen lieber einem weiblichen als einem männlichen Freund anvertraute.

Marta ist immer bewußt gewesen, daß die Erotik und ihre Darstellung in Heinrichs Schaffen ein wichtiges inhaltliches und damit dramaturgisches Gestaltungselement war. Anders als sein Bruder hatte er ein provozierend offenes Verhältnis zum Erotischen in der Schriftstellerei. Für Katia Mann, die sich mit Heinrich zeit ihres Lebens gesiezt hat, war er der »wohl merkwürdigste Mensch, den man sich denken konnte. Er war sehr formell – eine Mischung von äußerster Zurückhaltung und dabei doch auch wieder Zügellosigkeit«.[21] Marta im Gegensatz zu Katia mochte diesen altmodischen Grandseigneur, dessen Sprechweise »näselnd, scharf und jede Silbe mit leicht affektierter Präzision betonend« war (Katia Mann). Gegenüber Marta war es wahrscheinlich auch gar nicht nötig gewesen, sie bei der Übergabe der Blätter auf das hinzuweisen, was die Blätter bedeuteten und was sich dem heutigen Betrachter erst bei genauerer Betrachtung und einem Vergleich mit dem geschriebenen und hinterlassenen Werk erschließt: daß die Zeichnungen direkte Bezüge zu seinen literarischen Entwürfen und Romanen haben.

Deshalb, weil es sich eben keineswegs um eine oberflächliche Präsentation »dicker nackter Weiber« handelt, sind die aufgefundenen Zeichnungen eine solche Sensation, wie sie im Umfeld der Literaturgeschichte selten geworden sind. Dieser Vorgang gewinnt noch an Gewicht, weil er sich im Kreis der zur ersten deutschen Dichterfamilie des 20. Jahrhunderts erhobenen Familie Mann abspielt.

Heinrich Mann hat, wie bereits erwähnt, nicht einfach vor sich hin gezeichnet, sondern bildnerisch politische, literarische und persönliche Eindrücke verarbeitet. Das Konvolut besteht aus 396 Zeichnungen, die in ca. 30 Zyklen zusammengefaßt sind. Die Anzahl der Zeichnungen pro Zyklus variiert stark – zwischen 2 und 45 Blättern. Manche Blätter sind indessen (noch) nicht eindeutig zuzuordnen. Einige sind in Skizzenbüchern zusammengefaßt. Entstanden sind die vorliegenden Arbeiten aller Wahrscheinlichkeit nach in den vierziger Jahren im kalifornischen Exil, beginnend mit seiner Tätigkeit als »Scriptwriter« bei den Warner Brothers Filmstudios 1940/41, nach seiner Flucht aus dem von den Deutschen besetzten Frankreich. Zahlreiche Zeichnungen wurden nämlich auf der Rückseite von Briefpapier der Warner Studios gefertigt, entweder als Szenenentwürfe für Filmdrehbücher an seinem Büroschreibtisch oder zu Hause, wohin er das Briefpapier mitgenommen haben müßte. In einem Fall hat er sogar ein offizielles Schreiben von Warner mit einer opulenten Bordellszene »beantwortet«, indem er auf der Rückseite drei stattliche nacktbrüstige Frauen zeigte, von denen eine einen schmächtigen Mann mit schütterem Haar und leicht asiatisch anmutenden Gesichtszügen an der Hand hinter sich herzieht. »Sehr verehrter Herr Mann, Wollen Sie so gut sein [...], dass Sie, falls Sie den Staat verlassen, der Firma Mitteilung davon zukommen lassen werden. [...] Mit vorzüglicher Hochachtung«, heißt es in dem Brief. Hinter den höflichen Formulierungen des zum Abschluß des Bildteils gezeigten Briefes verbirgt sich die Tatsache, daß

Heinrich Mann wie seine gleichfalls vor dem Nazi-Reich geflüchteten Kollegen im Kriegsjahr 1941 in den USA als »enemy alien« eingestuft war.

Leider konnte bisher nichts Erläuterndes von Heinrich Mann zu seinen Zeichnungen gefunden werden, und vermutlich hat er dazu auch nichts hinterlassen. Die Zeichnungen sind auch – bis auf eine – undatiert: Und diese eine trägt das Datum seines 71. Geburtstages: 27. März 1942 sowie den Titel »Glückwunsch der Musen«. Vielleicht hat er ihnen selbst auch keinen besonderen Wert beigemessen, weil sie für ihn nur illustrativen Charakter seiner schriftstellerischen Arbeiten hatten. Vielleicht waren sie für ihn nur so etwas wie Gekritzel, wie beiläufig gedankenverloren bei anderen Tätigkeiten wie dem Telefonieren hingeworfen. Aber wäre er dann darum besorgt gewesen, sie Marta Feuchtwanger anzuvertrauen? So ist man auf Interpretationen angewiesen.

Die Varieté- und Bordellszenen der Zyklen »Varieté« oder auch »Les dîneurs« geben Aufschlüsse über Heinrich Manns Frauen(wunsch)bild bzw. ergänzen dieses. Es handelt sich überwiegend um erotische, zum Teil recht derbe Zeichnungen, bei denen meist die weiblichen Reize und deren vielfältigen Möglichkeiten der »Machtentfaltung« im Vordergrund stehen.

Die politischen und satirischen Zeichnungen der Serien »Greuelmärchen« und »Hitlermädel Hilda« setzen sich voll bitterem Sarkasmus mit Adolf Hitler und seinem nationalsozialistischen Regime auseinander, wozu sein im amerikanischen Exil entstandener und wenig geglückter Roman über das Nazi-Massaker im tschechischen Dorf Lidice die literarische Entsprechung bietet. Aber das Lachen bleibt dem Betrachter im Halse stecken, was wohl auch beabsichtigt ist. Schlagwörter der Nazi-Ideologie (»Lebensraum«) werden in einen grotesken Kontext gestellt, es wird die Utopie eines Volksaufstandes suggeriert und das Ende Hitlers an einer Kneipentheke. Das am Ende bisweilen geradezu verzweifelte Bemühen, Hitler als lächerliche Figur darzustellen, war unter Literaten durchaus üblich, so beispielsweise im Werk von Lion Feuchtwanger (»Erfolg«, »Der falsche Nero«). Beispielhaft hierfür ist ein Bild Manns, welches auf der linken Hälfte die Mißhandlung von Gefangenen zeigt, während rechts ein Trupp fröhlich winkender Hitlermädel mit Tornister vorübermarschiert. Das Thema der Konzentrationslager und des Massenmordes an den europäischen Juden kommt in dem Konvolut jedoch allenfalls in dem Blatt »Menschenschlächterei« vor.

Die Bildfolge, die sich den literarischen und historischen Persönlichkeiten widmet, handelt von meist unglücklichen Liebschaften und Beziehungen sowie deren teilweise tödlichen

Folgen. Dazu zählt auch das Blatt von der (nackten) Salomé, der Tochter von Herodes und Herodias, wie sie mit dem Kopf von Johannes dem Täufer auf dem Tablett offenbar vor ihre Eltern tritt. Im Hintergrund ist noch der Henker mit dem bluttropfenden Schwert zu sehen. Von eher seltener Züchtigkeit und Anmut ist dagegen das »Leiden des jungen Werther« – offenbar im Garten des Goethehauses in Weimar.

Der bereits erwähnte Zyklus »Fédéric« steht beispielhaft für den Zusammenhang zwischen den Zeichnungen und Heinrich Manns eigenen Werken. Er beschäftigt sich mit dem Leben und Herrscherbild Friedrichs II., dem musisch und intellektuell begabten Machtpolitiker und Feldherrn des 18. Jahrhunderts. Heinrich Mann bereitete hier Szenen seines Fragments »Die traurige Geschichte von Friedrich dem Großen« vor. Er legt dabei Schwerpunkte auf Friedrichs Verhältnis zum dominanten und gewalttätigen Vater, spielt auf dessen Verhältnis zu dem hingerichteten Freund Katte, seine offenkundigen homoerotischen Neigungen, seinen Hang zu Frankreich und den damit verbundenen Idealen der Aufklärung sowie auf sein Leben als Militärstratege an. Ob Thomas von dem Projekt wußte? Schließlich hatte er selbst, immerhin ein knappes halbes Jahrhundert zuvor, Ende 1905, Heinrich gefragt: »Was sagst Du z.B. zu diesem: einen historischen Roman namens ›Friedrich‹ zu schreiben? Seit ich zweimal in Potsdam und Sanssouci war, ist die Gestalt mir aufregend nahegekommen. [...]. Einen Helden menschlich-allzumenschlich darstellen, mit Skepsis, mit Gehässigkeit, mit psychologischem Radikalismus und dennoch positiv, lyrisch, aus eigenem Erleben: mir scheint, das ist überhaupt noch nicht geschehen ... «[22] In einem Notizheft merkte Thomas Mann später an: »Friedrichs spätere gleichgeschlechtliche Neigungen. Es ist sehr ruhig zu zeigen, wie aus dem Alter und aus ungeheurer Überlegenheit ein erotisches Verhältnis zu schönen und unbedeutenden jungen Männern, ein Verhältnis wie des Mannes zum Weibe hervorgeht.«[23] Aus dem Projekt wurde nicht mehr als eine Art historischer Studie. Bis Heinrich sich an seinem Lebensende des Themas annahm, es aber auch nicht zu Ende brachte.

Der Zyklus »Le crocheteur borgne« über eine knappe Erzählung von Voltaire verdeutlicht hingegen Heinrich Manns Auseinandersetzung mit der französischen Literatur der Aufklärung. Er bestätigt seine Vorliebe für den französischen Philosophen und Schriftsteller der Aufklärung und die damit verbundene positive Einschätzung seiner Werke. Es ist die Welt, der er nachhing und die ihm das Amerika an der Westküste so fremd machte.

Ernst des Lebens: Freudlose Akte

Bei dem Konvolut handelt es sich ausschließlich um Bleistiftzeichnungen, also Unikate, hier und da durch leichte Kolorierungen und Folieneinsatz bereichert. Mann verwendete verschiedene Papierarten und -sorten: Zeichenblock, Briefpapier, dünnes, durchscheinendes pergamentenes Papier, größtenteils im amerikanischen Letter-Format, etwas kürzer und breiter als DIN-A-4. Die meisten Bilder sind hochformatig, nur wenige im Querformat. Obgleich die Zeichnungen an den Stil bekannter expressionistischer Künstler angelehnt scheinen, ist ihre handwerkliche Ausführung sehr unterschiedlich. Manche Folgen wirken zunächst unbeholfen, naiv und bemüht, anatomisch nicht korrekt oder schlampig ausgeführt, brav an einem klassischen Bildaufbau mit Vorder-, Mittel- und Hintergrund orientiert. Bei näherem Hinsehen und bei weiterer Betrachtung entwickeln die Zyklen indessen eine große erzählerische Kraft. Die Bildsprache ist intensiv, direkt, auf aggressive Weise intim, gnadenlos privat, sarkastisch haßerfüllt, aber auch abgeklärt und mutig, schamlos, verspielt und scheinbar verträumt; dann wieder vorwurfsvoll verzweifelt, voyeuristisch oder von scheinbarer Unschuld. Manche Blätter sind mit großer Liebe zum Detail ausgearbeitet, bekommen so einen stark illustrativen, seriellen Charakter wie in einem Bildroman. Andere scheinen mit wenigen Strichen schnell hingeworfen aus der Erinnerung oder lebhaften Tagträumen, haben etwas expressionistisch skizzenhaftes. Künstlerisch am interessantesten scheinen die Milieu-Studien und Genre-Skizzen der Szenen aus der Welt des europäischen Varieté, in die sich Heinrich Mann in all den Jahren der drückend prüden Einsamkeit des amerikanischen Exils zurückzuträumen schien. Er gewährt dem Betrachter einen sehr persönlichen und schonungslosen Einblick in seine privaten und literarischen Phantasien.

Eines zieht sich auffallend durch das gesamte vorliegende zeichnerische Werk: Die abgebildeten Menschen sind nicht glücklich. Es wird nicht gelacht. Aus den Bildern spricht keine Freude am Leben und an der Liebe. Die Szenen haben meist etwas Gequältes, Ernstes, Distanziertes, selbst dort, wo Nähe angedeutet werden soll. Es gibt kaum Zärtlichkeit zwischen den Figuren, sie haben einen angespannten, abwartenden oder verlorenen Ausdruck. Wenn Mann Publikum im Parkett, Zuschauer, zeigt, so wirken sie lächerlich, ähneln den »Stützen der Gesellschaft« bei Grosz, Dix oder Schlichter: Schweinsgesichter mit dicken Nasen, stiernackige Kommißköpfe, Monokeltypen mit eckigen Schädeln, alte Lüstlinge, die gierige Blicke auf üppiges Frauenfleisch werfen. Es ist die Welt seines Romanhelden Professor Unrat und des daraus entstandenen Films »Der blaue Engel«, der Marlene Dietrich berühmt machte. Manche Köpfe in seinen Bildern wirken so detailliert karikiert, daß sie zu Spekulationen darüber einladen, welche Zeitgenossen wohl gemeint sein könnten. Mitunter scheint es, als habe er dem einen oder anderen alten Bekannten eine Kränkung heimzahlen oder sich über einen Freund lustig machen wollen, indem er ihn auf kompromittierende Weise mitten hinein ins Laster verpflanzt hat. Vor allem in dem Zyklus »Les dîneurs« scheinen sich einige bekannte Köpfe zu verstecken.

Und könnte der einsame Zuhörer, der von der ersten Reihe aus dem Klavierspieler und der kräftigen Sängerin lauscht, nicht Bruder Thomas selbst sein, von schräg hinten gesehen, in einer Szene seines eigenen »Zauberberg«-Romans? Sieht Heinrich Mann sich auf einem anderen Bild unter dem Türrahmen gar selbst stehen und mit verzweifelt traurigem Blick einem jungen, sich ernst liebenden Paar zuschauen? Und der Kellner in einem weiteren Bild: Sieht der nicht aus wie Adolf Hitler? Oft kommt der Tod in seinen Bildern vor, häufig zeichnete er Lustmorde, ein auch bei anderen Künstlern beliebtes Thema der zwanziger Jahre, vielfach werden Eifersuchtsdramen wie im Polizeibericht festgehalten. Es rauchen die Pistolen, spritzt das Blut und krümmen sich die Opfer, liegen auf dem Boden oder schon im Sarg, aufgebahrt im Schlafgemach. Und weist diese und jene auffallend anmutig dargestellte Frauenfigur nicht eine Ähnlichkeit mit seiner zweiten Frau Nelly auf, die ja aus dem »Milieu« kam, welches Heinrich Mann gerade in Berlin so vertraut war und wo er sie ja auch kennengelernt hatte?

Überhaupt sein Frauenbild. Das lädt gleichfalls und vor allem ein zu Diskussion und Spekulation. In den Zeichnungen scheinen sie meist überlegen, mächtig, dominant, groß und dickbrüstig. Die schmale und zarte »femme fragile« seiner frühen Jahre wurde verdrängt von der »femme fatale«. Die Männer sind entweder schmächtige Trottel, »halbe Portionen« oder unangenehme, feiste Herrenmenschen. Den Frauen scheinen sie stets unterlegen. Außer in den Nazi-Zyklen. Da endet das Hitlermädel Hilda auf dem Strich in Marseille, und Hitlers geliebte Nichte Geli Raubal bringt sich bei Heinrich Mann nicht selbst in Hitlers Wohnung um, sondern wird von diesem eigenhändig erschossen und kommt neben einem schon auf dem Boden liegenden Mann zu Fall. Ansonsten herrschen in Heinrich Manns Bilderwelten die Frauen. Dabei stellt er solche mit historisch belegter politischer Macht auf eine Stufe mit jenen aus dem Milieu mit ihrer Macht über die Triebe.

Vom Zeichnen, den Frauen und der Liebe

Heinrich Mann hat in frühen Jahren immer wieder gezeichnet, später wohl nur noch gelegentlich. Er hat die Malerei nie als zweites Talent gepflegt, obwohl seine Fähigkeiten überdurchschnittlich zu sein schienen. Das Zeichnen und Malen hatte für ihn eher illustrativen Charakter und stand hinter dem Schreiben zurück. Es war für ihn eine Form, sich Notizen zu machen. Wenn andere ihre Gedanken und Ideen in Stichworten aufschrieben, hat er sie sich manchmal auch zeichnerisch vor Augen geführt. In seinen letzten zehn Lebensjahren setzte er dieses »Stilmittel« offenbar auch ein, als er bei Warner Brothers Drehbücher entwarf. Ein Vergleich der jetzt vorliegenden Blätter mit manchen Szenenfolgen seines literarischen Spätwerks zeigt, daß er diese Stoffentwicklungstechnik auch nach seiner Arbeit bei Warner beibehielt. Manche Bilderzyklen entwickeln sich wie Szenenfolgen für einen Film.

Weil von Heinrich Mann bisher kein nennenswertes graphisches Werk bekannt war, kam das Thema Zeichnungen bei den Biographen der Mann-Familie nur am Rande vor. Allenfalls wurden Skizzen verschämt in deprimierend-tragischem Zusammenhang erwähnt, wie den Depressionen und Suizidversuchen Nellys schon damals im französischen Exil. »Wenn sie getrunken hatte, kritzelte sie fast unleserliche Botschaften und Hilferufe auf Heinrichs Briefpapier. Auf einen Bogen, den Heinrich mit derben Frauenzeichnungen verziert hatte, schrieb sie: ›Wäre nicht Lion, ich wäre schon tot‹«, heißt es bei dem Heinrich-Mann-Biographen Willi Jasper.[24] Oder: Nach gemeinsamer Flucht mit den Werfels, Thomas Manns Sohn Golo und Nelly aus dem besetzten Frankreich zu Fuß über die Pyrenäen nach Spanien sitzt die erschöpfte Reisegesellschaft schließlich auf dem griechischen Dampfer »Nea Hellas« mit Kurs auf Amerika. »Heinrich Mann blieb in seiner Kabine, weil ihm schlecht war. Auch war er böse auf die Welt«, bemerkte Alma Mahler-Werfel in ihrem Erinnerungsband »Mein Leben« und verriet: »Als sein Neffe Golo ihn besuchen ging, lag er im Bett und zeichnete gerade Weiber mit großen Busen, manchmal auch nur letztere allein.«[25]

Alle Kinder malen gern. Heinrich entwickelte darin früh ein besonderes Talent. Thomas Mann erinnerte sich, im Zusammenhang mit der Ausstattung eines Puppentheaters habe Heinrich, »der gern Maler geworden wäre«, für Aufführungen im Familienkreise seine Dekorationen »um viele, sehr schöne selbstgemalte vermehrt«.[26] Doch mit 18, während seiner Buchhandelslehre in Dresden, schien sein Interesse an der Malerei abgenommen zu haben. Seinem Freund Ludwig Ewers gestand er, daß er zum Malen nicht mehr komme, außer manchmal »am Cassapulte stehend« zu einem »immer schmieriger werdenden Geschmier«. Mit anscheinend etwas bitterem Unterton schreibt er: »Wie es mit meiner Malerei steht, fragst Du? Ex, mein Junge, complet ex – wie mit dem ›Idealismus‹.«[27] Doch wenige Jahre später nahm er die Malerei wieder auf. Jasper schreibt: »Während seiner Italien-Reisen [zwischen 1893 und 1906, d.Hg.], vor allem in der ersten Zeit in Florenz – aber auch noch später in Rom und Palestrina –, zeichnete er viel, studierte die Maltechniken der Dynastie Bellini und beschäftigte sich mit Sandro Botticelli sowie mit Malern der venezianischen Schule. Seine Tagebuchaufzeichnungen aus jener Zeit registrieren sorgfältig die Architektur von Palästen, Kirchen und Parkanlagen.«[28] 1895 entdeckte er bei Exkursionen in den Sabriner Bergen bei Rom das antike Praeneste, Palestrina, das Vorbild für den zu seinen besten Arbeiten zählenden Roman »Die kleine Stadt«.

Wenig später kam Thomas Mann nachgereist. »Die Wochen von Juli bis Oktober 1895 waren für die Brüder Heinrich und Thomas [...] wohl die unbeschwerteste gemeinsam verbrachte Zeit ihres Lebens«, merkt Jasper an. In den folgenden Jahren entstand hier in Italien ihr gemeinsames handgeschriebenes und illustriertes »Bilderbuch für artige Kinder«, das der von Heinrich besonders geliebten Schwester Carla zur Konfirmation geschenkt wurde. »Verse von lustiger Bosheit, mit Illustrationen von übermütiger und ein wenig grausamer Komik versehen«, wie Klaus Harpprecht in seiner Thomas-Mann-Biographie rekonstruierte.[29] Das in Leinen gebundene Unikat ging 1933 in München verloren. Viktor Mann verglich Heinrichs »reich kolorierte Bilder aus dem Bürgerleben« in ihrer Qualität später mit denen von George Grosz, erinnerte sich an Figuren mit »nußgroßen Brillanten an dicken Fingern und gestärkten Hemden«.[30] Auf der Feier zum 60. Geburtstag seines Bruders kam Thomas Mann auch auf eine andere damalige gemeinsame Arbeit zu sprechen: »Als wir jung waren, zu jener vorläufigen Zeit in Rom, saßest du während vieler Wochen täglich am Tisch und stricheltest mit deiner Zeichenfeder an einer endlosen Bilderfolge, die wir ›Das Lebenswerk‹ nannten und deren eigentlicher Titel ›Die soziale Ordnung‹ lautete. Wirklich stellten diese Blätter, die wir zum langen Fries und dicker Rolle zusammenklebten, die menschliche Gesellschaft in allen ihren Typen und Gruppen dar, vom Kaiser und Papst bis zum Lumpenproletarier und Bettler – es war nichts ausgelassen in diesem trionfo sozialer Stufung.«[31]

Hier ist angedeutet, was sich auch in seinem zeichnerischen Spätwerk wiederfinden sollte: das Karikieren des gesellschaftlichen Umfeldes seiner Romanhandlungen. In deren Zentrum stehen freilich – wie zuvor bereits angedeutet – von früh an die Frauen, um sie kreisen die Ereignisse, die Männer agieren, oft unterwürfig oder ergeben, aus der zweiten Reihe oder sitzen gleich in der Kulisse – als Voyeure. Man könnte fast behaupten: In gewissem Sinne bezieht Mann in seinen Zeichnungen eine ausgesprochen feministische Haltung. Denn die Frauen sind sein starkes Geschlecht, versinnbildlichten sie doch seit seinen frühen Romanen die Liebe – für Heinrich Mann stets auch ein Synonym für »Demokratie«. Hier setzt der Zeichner etwas fort oder nimmt es wieder auf, was sich schon in frühen Jahren bei dem Schriftsteller herausgebildet hat.

Denn was Thomas Mann so sehr als Langweiler erscheinen läßt, fasziniert die Mann-Forschung an seinem Bruder Heinrich: die Rolle, welche »die Erotik im Hinblick auf Heinrich Manns allmähliche Entwicklung vom wirklichkeitsscheuen Ästheten zum demokratisch engagierten Schriftsteller zukommt«.[32] Es führe, so Ariane Martin, »eine durchgängige Linie von dem anfänglichen Ideal des spiritualisierten Eros zum erotischen Politikverständnis Heinrich Manns«. Das intensive Italien-Erlebnis Heinrich Manns von 1893 bis 1898 setzte, wie Willi Jasper schreibt, »eine neue intellektuelle Sensibilität frei«. Erst Italien habe Heinrich Mann zum Deutschland-Analytiker und zu jenem Satiriker gemacht, als der er heute noch gelte. Es ist im übrigen bemerkenswert, daß Heinrich Manns Werk genau ein Jahrhundert später eine gewisse Renaissance zu erfahren scheint – nämlich just zu einem Zeitpunkt, zu dem in Deutschland eine konfuse politische Debatte zur Frage der nationalen Identität anhebt. »Es ist notwendig, soziale Zeitromane zu schreiben. Diese deutsche Gesellschaft kennt sich selbst nicht«, bemerkte er 1896 in Rom, so als lebte er noch heute unter uns.[33]

Sein Schlüsselroman zum Thema Liebe und Demokratie ist der 1909 erschienene Band »Die kleine Stadt«. Es ist, so sein Bruder Thomas nach dessen Lektüre, »das Hohe Lied der Demokratie«, das Heinrich hier zu Kaisers Zeiten unters Volk brachte. Das Buch, das ihm selbst von allen seinen bis dahin erschienenen Romanen das liebste war, ist, wie er in einem Brief schrieb, »der Triumph der Liebe, ins Große gerechnet, als Demokratie«: »Diese kleine Stadt steht für eine große, sie steht für eine durch Liebe geadelte Menschheit.«[34] Das Volk ist der Hauptdarsteller, mit allen Schwächen, die Menschen zu eigen sind, keinesfalls homogen, sondern durchsetzt von allen sozialen Abhängigkeiten und Spannungen, mit denen ein Gemeinwesen leben muß und die in eine heftige Auseinandersetzung zwischen Konservativen und Fortschrittlichen gipfeln – bis eine Operntruppe in die Stadt kommt und mit ihr die Erotik, über die es schließlich gelingt, die Spannungen abzubauen und zu einem demokratischen Miteinander zu finden.

Schauplatz des Romans ist Palestrina. Im Materialanhang bei der Akademie der Künste finden sich noch zwei Bleistiftskizzen Heinrich Manns, auf denen er sich zentrale Orte der Handlung vergegenwärtigte. Die eine ist eine Lagezeichnung von der Piazza in Palestrina mit Glockenturm, Apotheke und Café, das hier den Namen »Zum Fortschritt« trägt; die andere bezieht sich auf die Sitzverteilung bei der Opernaufführung, in der die Sängerin mit dem Namen »Italia« den Eros verkörpert. »Nicht nur die Auseinandersetzung der Parteien entzündet sich in ›Die kleine Stadt‹ an erotischen Themen. Die Beziehungen der handelnden Figuren werden vom Autor als ein Netz erotischer Konstellationen geknüpft, deren Dynamik politische Ereignisse auslöst«, analysiert Ariane Martin.[35] Laut Harpprecht besaß Heinrich Mann »ohne Zweifel [...] eine scharfe Witterung für den Zeitgeist – und sei es dank der eigenen sensiblen Schwäche, die ihn für die Moden der Epoche anfällig machte. In seinen besten Büchern war er, anders als der Bruder, den die Politik im Grunde seiner Seele langweilte, damals wie später, ein aufmerksamer und unbarmherziger Kritiker der Gesellschaft. Dieses Talent war von Beginn an sichtbar. Ein eigentlich politisches war es nicht. Sein Blick war der des ästhetischen Moralisten – vielleicht auch des moralisierenden Ästheten.«[36]

»Die kleine Stadt« wurde oft als »Vorläufer des späteren großen Romans« über »Henri Quatre« verstanden. »In beiden großen Romanen geht es um die Entwicklung humanistisch-demokratischer Ideale aus der Verbindung von Politik und Liebe. In diesem Kontext erhält auch der Satz von Heinrich Mann, daß ›die romanischen Demokratien‹ in ›erotischer Erregbarkeit‹ wurzeln, seine Bedeutung«, heißt es bei Jaspers.[37] In beiden Romanen verarbeitet Heinrich Mann auch zwei seiner wichtigsten Beziehungen im Leben: »Liebe in überindividueller Dimension ist also Demokratie, wobei Heinrich Mann die Bedeutung der Begriffe Liebe und Demokratie in ›Die kleine Stadt‹ herleitet von der individuellen Liebesgeschichte des Romans ›Zwischen den Rassen‹, in dessen Helden er seine eigene Liebeserfahrung, wie er Inés Schmied gegenüber erklärt, ›übersetzt‹ habe«, schreibt Ariane Martin. Hier also die einstige Verlobte Inés Schmied, dort, drei Jahrzehnte später im »Henri Quatre«, die Anlehnung der Figur der Gabriele d'Estrées an seine Nelly. »Heinrich Manns Biografie entwickelte sich aus dem Leiden an der Haltlosigkeit. Daraus erwuchs die Sehnsucht nach einer festen Basis des Lebens«, schreibt Ringel. »Gerade die menschliche Schwäche, das Bedürfnis nach Zuwendung, wurde hier zum Ausweg, weil dies seine Aufmerk-

samkeit auf die Liebe lenkte. In der Liebe zueinander werden zwei schwache Menschen stark. Aus dem privaten Raum wächst die Liebe hinaus in die Öffentlichkeit. Das eigene Glück macht empfänglich für das Unglück anderer, weckt Mitleid, wodurch die Liebe zur sozialen Tugend wird.«[38] Heinrich Manns Entwicklung ist auch unter dem Aspekt zu sehen, daß, wie Klaus Harpprecht anmerkt, »die Literatur der Epoche« von »Zeugnissen sexueller Beunruhigung dieser und jener Art dicht besetzt« war.[39]

Doch wie hielt er es selbst mit der Liebe, für sich privat? »Es ist möglich, daß ich diese oder jene Frau wenig und schlecht geliebt habe, nur gerade als die Gefährtin einer Gestaltung, die entstehen wollte, und die heimliche Hauptgestalt war sie«, verriet er in seinem im kalifornischen Exil entstandenen autobiographischen Buch »Ein Zeitalter wird besichtigt«. »Oder nicht einmal die Arbeit selbst verband mich mit ihr, nur die Pause zwischen den Werken, das Austragen des nächsten, sein Dasein vor dem Beginn. Das hinderte nicht, daß ich diese schönen Personen wirklich liebte, daß sie allenfalls erwiderten, soviel ich ihnen entgegenbrachte, und daß der Rest meine Dankbarkeit war. Ich weiß nicht, ob sie mich, ich selbst habe in allen Jahren Jahrzehnten keine vergessen.«[40] Im Lebensmittelpunkt des Heinrich Mann stand zeit seines Lebens, so schien es, die »Jagd nach Liebe«, wie er auch einen 1903 erschienenen Roman betitelte. Die wiederholte unverhüllte Darstellung ausschweifender und auch käuflicher Liebe in seinen Romanen – aber auch in den Zeichnungen – reflektiert wohl seine fortwährende persönliche Sehnsucht nach einer innigen Beziehung und wirft die Frage auf, ob sie denn je erfüllt wurde.

Doch traf diese Frage auf ihn noch zu, später in Amerika? Wie war das eigentlich wirklich zwischen ihm und seiner Frau Nelly, der um dreißig Jahre jüngeren Berliner Barbekanntschaft, die er abgöttisch liebte, die aber das ganze Leben nicht aushielt, die immer wieder sich umzubringen versuchte, bis es ihr gelang und ihn damit als alten Mann einfach im Stich ließ? Thomas und Katia Mann haßten sie, auch Feuchtwanger sah in ihr ein Unglück für den Freund. Aber erst nach beider Tod offenbarte er dies in seinem Rousseau-Roman »Narrenweisheit«. Als Alfred Kantorowicz in einem Brief anmerkt, ihm sei nicht klar geworden, »welche Funktion die allzu breit angelegte, verwickelte Intrige der (wohl eigens für den Zweck um 19 Jahre verjüngten) Thérèse und ihres Nicolas im Rahmen der Gesamthandlung hat«, und die Frage stellte: »Soll sich vom Sumpf dieser unmenschlichen Vorgänge die reine Lehre des Jean-Jacques Rousseau um so leuchtender erheben: der Gesellschaftsvertrag, die Verkündung der Menschenrechte?«[41], schrieb Feuchtwanger zurück, daß die Hintergründe schlichterer Natur waren: »Lassen Sie mich Ihnen als einem guten Freund vertraulich mitteilen, daß mein ›Rousseau‹ aus einem sehr persönlichen Erlebnis entstand, nämlich aus meiner Teilnahme an dem Altersschicksal Heinrich Manns, an seinen Beziehungen zu Nelly, die aus nächster Nähe mitzuerleben ich Gelegenheit hatte. [...] was Heinrich an Nelly sah und nicht sah und nicht sehen wollte, machten mir die Stellen in den ›Confessions‹ über Thérèse graus und lebendig.«[42]

Salonfähig war Heinrich Manns Frauenbild nie, sowenig wie seine erotischen Auffassungen. Keine seiner Partnerinnen wurde von der Verwandtschaft akzeptiert. Es war dafür wohl auch keinerlei Bereitschaft vorhanden, es gab kein Entgegenkommen. Jasper merkt an, »die Frauengestalten, die Heinrich Manns Leben und Werk maßgeblich beeinflußten, kamen aus der Bohème, der Halbwelt und dem Himmel. Seine Heldinnen waren Schauspielerinnen, Sängerinnen, Tänzerinnen, Animierdamen, Prostituierte und Göttinnen. [...] In Heinrichs Romanen, Novellen und Dramen finden wir sie alle wieder: Julia, Carla, Nena, Mimi, Nelly, Diana, Minerva, Venus und Marlene Dietrich aus dem ›Blauen Engel‹.«[43] Oft habe der Dichter Frauen als »sensible Aufzeichnungsinstanzen« benutzt. Aber: »Nicht immer folgte die Literatur dem Leben, manchmal war es auch umgekehrt – mit tragischem Ausgang.«[44]

Erste einschlägige Erfahrungen sammelte Heinrich als Gymnasiast. Er empfand starke Sympathien mit seinem leichtlebigen Onkel Friedel und dessen Affären mit Damen aus der Halbwelt. Als 17jähriger bekannte er, daß er »Ansichten über Liebe, Ehe, Religion, Kirche etc.« habe, die denen in der Verwandtschaft doch sehr zuwiderliefen. Er besuchte schon einmal die Pension Knoop, ein Bordell hinter der Lübecker Ägidienkirche, und hatte es mit dem Dienstmädchen und der Cousine Alice. Seine Buchhandelslehre in Dresden ertrug er nur durch einschlägige Vergnügungen: »Theater, Konzerte, Cafés, Puffs.«[45] Aber auch später, nach dem Wechsel nach Berlin, blieben das Nachtleben und die Mätressen sein Milieu, in dem er sich zum Verdruß der »anständigen Verwandtschaft« um Thomas mit Vorliebe bewegte. Über den Bruder und dessen kindlich-homoerotische Schwärmereien schrieb der 19jährige Heinrich an seinen Freund Ludwig Ewers in Berlin: »[...] 'ne tüchtige Schlafkur mit einem leidenschaftlichen, noch nicht allzu angefressenen Mädel – das wird ihn kurieren.«[46] Doch sollte der Ältere dem Jüngeren in diesen Dingen immer voraus bleiben. »Wie wäre es, falls ein Junge ›vorläge‹«, schreibt Thomas noch Jahre später, als er bereits mit Katia verheiratet ist, in sein Tagebuch.[47]

An seine unbeschwerteren Zeiten mag Heinrich sich erinnert haben, als er nach seinem Abschied aus Europa damit begann, wieder zu zeichnen, wie er es einstmals getan hatte. Man stellt ihn sich vor, wie er, einsam an seinem Warner-Schreibtisch sitzend oder auch zu Hause, von der »Nurse« beobachtet, seine Figuren entwarf. Wie er sich Geschichten von Erotik und Politik ausdachte, an frühere Zeiten, Werke und Szenen anknüpfend oder aktuelle Arbeiten vor dem inneren Auge spiegelnd. Jene Blätter, deren Vorderseiten den Briefkopf und das Logo der Warner Brothers tragen, stellen heute noch eine vielleicht sogar beabsichtigte frivole Verhöhnung der latenten amerikanischen Prüderie jener Jahre dar, und manche dieser Szenen sind auch in heutigen Zeiten größerer Freizügigkeit noch harte Kost. Wobei er sich erinnert haben mag an die Zeiten seines »Untertan«, die ebenso angefüllt waren mit falscher Moral. Der damalige amerikanische »Wilhelminismus«, das war der sich anbahnende »McCarthyismus«, dessen ideologische Vordenker in Edgar Hoovers Federal Bureau of Investigation (FBI) sich ab 1942 auch für ihn rege interessiert hatten, so wie für die anderen in die USA exilierten Autoren. »Dokumentiert ist dieses Interesse durch 312 Akteneinheiten im Archiv des FBI, von denen 241 Stücke nach jahrelangem Warten mit den üblichen Verstümmelungen freigegeben wurden. [...] Weitere 90 Aktenteile werden vom FBI und Immigration and Naturalization Service INS mit Hinweis auf ›exemptions‹ [...] zurückgehalten«, heißt es in Alexander Stephans Buch »Im Visier des FBI«.[48] Es habe wiederholte Versuche gegeben, Informationen über Heinrichs Privatleben zu sammeln, »von denen man sich Einblicke in Schwächen und Charakterzüge des ›suspects‹ erhoffte. Sie haben manches herausgefunden, vor allem über Nelly und die wirtschaftliche Zwangslage, in der die beiden lebten.

Aber von »obszönen Zeichnungen« ist in dem von Stephan dokumentierten Material nicht die Rede. Schade eigentlich. Vielleicht schlummert darüber ja noch etwas in dem zurückgehaltenen Material. Die einzige »Graphik« von Heinrich Mann, über die das FBI verfügte, waren seine Fingerabdrücke. Heinrich Mann, der sich anfangs darüber beklagte, daß sein Haus und Telefon überwacht würden, und anmerkte, dies sei ihm in siebeneinhalb Jahren Frankreich nicht widerfahren, scherte sich später nicht mehr darum. Der »erotische Demokrat« hing seinem alten Europa an und gab nicht auf, von der Liebe zu träumen: »Glaube, Liebe, Hoffnung, von den dreien ist die Liebe die größte«, schreibt er im »Zeitalter«, wenngleich er einige Sätze später mit Bitterkeit auf seine Epoche zurückblickt und resümiert: »Bedauert wird ein Zeitalter, das nicht viel liebt, aber hassen muß es um so mehr.«[49]

1 Der Begriff des »erotischen Demokraten« ist entlehnt aus Ariane Martin: Erotische Politik. Heinrich Manns erzählerisches Frühwerk. Würzburg 1993, S. 259.

2 Heinrich Mann: Varièté. Ein Akt. Berlin 1910, S. 89.

3 Lion Feuchtwanger an Lou Eisler, 15. März 1950. In: ders.: Briefwechsel mit Freunden 1933–1958, Band II, hg. von Harold von Hofe und Sigrid Washburn. Berlin 1991, S. 142.

4 Lion Feuchtwanger: Heinrich Mann zum 75. Geburtstag (1946). In: ders.: Centum Opuscula, hg. von Wolfgang Berndt. Rudolstadt 1956, S. 562.

5 Thomas Mann: Tagebücher 1949-1950, S. 174f.

6 Ebd., S. 175.

7 Zitiert nach Willi Jasper: Der Bruder Heinrich Mann. Eine Biographie. Frankfurt/M. 1994, S. 346.

8 Heinrich Mann: Brief an Lion Feuchtwanger. 29.10.1937, zitiert in Volker Skierka: Lion Feuchtwanger – Eine Biographie. Berlin 1984, S. 181.

9 Thomas Mann: Tagebücher 1949-1950, S. 175.

10 Heinrich Mann: Die ersten zwanzig Jahre. Fünfunddreißig Zeichnungen Berlin, Weimar, 1975.

11 Lion Feuchtwanger an Alfred Kantorowicz, 7. August 1950. In: ders.: Briefwechsel mit Freunden 1933–1958, S. 244f.

12 Alfred Kantorowicz an Lion Feuchtwanger, 13. September 1950. In: ebd., S. 245f.

13 Alfred Kantorowicz an Lion Feuchtwanger, 3. September 1951. In: ebd., S. 260.

14 Lion Feuchtwanger an Alfred Kantorowicz, 2. Oktober 1951. In: ebd., S. 261.

15 Harold von Hofe in einem Brief vom 18. April 2001 an den Herausgeber dieses Buches.

16 Ebd.

17 Stefan Ringel: Heinrich Mann. Ein Leben wird besichtigt. Darmstadt 2000, S. 363.

18 Zitiert nach Erika Mann: Mein Vater der Zauberer. Vorwort zu Thomas Mann: Autobiographisches, hg. von Irmela von der Lühe und Uwe Naumann. Reinbek 1996, S. 367.

19 Zitiert in Ariane Martin: Erotische Politik, S. 9.

20 Thomas Mann: Betrachtungen eines Unpolitischen. Frankfurt/M. 1983, S. 541, zitiert in Ariane Martin: Erotische Politik, S. 10.

21 Katia Mann: Meine ungeschriebenen Memoiren, hg. von Elisabeth Plessen und Michael Mann, Frankfurt/M. 1974, S. 36.

22 Thomas Mann, Heinrich Mann: Briefwechsel 1900 bis 1949. Frankfurt/M. 1975, S. 43f.

23 Zitiert in Klaus Harpprecht: Thomas Mann. Eine Biographie. Reinbek 1995, S. 286.

24 Zitiert in Willi Jasper: Der Bruder Heinrich Mann, S. 128.

25 Alma Mahler-Werfel: Mein Leben. Biographie. Frankfurt/M. 1963, S. 320.

26 Klaus Schröter: Heinrich Mann. Reinbek 1967, S. 13f.

27 Heinrich Mann: Brief an Ludwig Ewers vom 27.4.1890, zitiert nach Heinrich Mann: Werk und Leben in Dokumenten und Bildern. Berlin, Weimar 1971/1977, S. 9.

28 Willi Jasper: Der Bruder Heinrich Mann, S. 73f.

29 Klaus Harpprecht: Thomas Mann, S. 105.

30 Zitiert nach Klaus Schröter: Heinrich Mann, S. 40.

31 Ebd.

32 Ariane Martin: Erotische Politik, S. 13.

33 Heinrich Mann: Ausgewählte Werke. Bd. 11 (Essays I), Berlin 1951-1962, S. 269

34 Zitiert in Ariane Martin: Erotische Politik, S. 215ff.

35 Ariane Martin: Erotische Politik, S. 245.

36 Klaus Harpprecht: Thomas Mann, S. 121.

37 Willi Jasper: Der Bruder Heinrich Mann, S. 94.

38 Stefan Ringel: Heinrich Mann. Ein Leben wird besichtigt. Darmstadt 2000, S. 364.

39 Klaus Harpprecht: Thomas Mann, S. 135.

40 Heinrich Mann: Ein Zeitalter wird besichtigt. Erinnerungen. Frankfurt/M. 1988, S. 282.

41 Alfred Kantorowicz an Lion Feuchtwanger, 5. April 1954. In: Lion Feuchtwanger: Briefwechsel mit Freunden 1933–1958, S. 267.

42 Lion Feuchtwanger an Alfred Kantorowicz, 16. April 1954. In: ebd., S. 270.

43 Willi Jasper: Der Bruder Heinrich Mann, S. 99.

44 Ebd., S. 12.

45 Heinrich Mann: Briefe an Ludwig Ewers 1889-1913. Berlin, Weimar 1980, S. 225.

46 Zitiert in Klaus Harpprecht: Thomas Mann, S. 95.

47 Zitiert in ebd., S. 481.

48 Alexander Stephan: Im Visier des FBI. Deutsche Exilschriftsteller in den Akten amerikanischer Geheimdienste. Stuttgart 1995, S. 137.

49 Heinrich Mann: Ein Zeitalter wird besichtigt, S. 283.

MARJE SCHUETZE-COBURN

Heinrich Manns letztes Jahrzehnt
»in einem Lande, das ihn nicht verstand«

»Die Emigration lebt arm, sehnsuchtsvoll und von Zweifeln bedrängt.
Wer jetzt heimkehren könnte, fände das unlängst verlassene Land nicht
wieder.« *Heinrich Mann*

Warner Brothers

Pünktlich um zehn Uhr erschien Heinrich Mann wochentags
jeden Morgen in seinem kleinen Büro bei den Warner-Bro-
thers-Filmstudios in Hollywood. Fast ein Jahr lang, von November 1940 bis Oktober 1941. Ohne zu wissen, ob ihre Arbeit
im sogenannten »Front Office« der Produktionsgesellschaft
überhaupt ernstgenommen wurde, kamen Heinrich Mann und
die anderen hier angestellten exilierten deutschen Schriftsteller
wie Leonhard Frank, Alfred Neumann und Friedrich Torberg
ihrer Rolle als Drehbuchautoren in gewissenhafter Pflichter-
füllung nach. Heinrich Mann entwickelte im Verlauf seiner elf
Monate während den Tätigkeit bei Warner verschiedene Ideen
und Drehbücher. Realisiert wurde jedoch nichts von alldem.

Heinrich Mann war mit der zweiten großen Welle von
Flüchtlingen, die nach der Besetzung Frankreichs durch die
Truppen des nationalsozialistischen Deutschland eingesetzt
hatte, im Herbst 1940 mit dem Schiff in den Vereinigten Staaten angekommen. Die Einreisevisa hatten er und seine Frau
Nelly aufgrund seines Arbeitsvertrages bei Warner Brothers erhalten. Damit schien sichergestellt, daß die beiden Neuan-
kömmlinge für sich selbst sorgen könnten und nicht dem amerikanischen Steuerzahler zur Last fielen.

Seine Anstellung im Filmstudio erwies sich als Segen und
Fluch zugleich. Sie war einerseits seine Rettung vor den nationalsozialistischen Verfolgern, erwies sich aber auch als ein fal-
sches Versprechen von Erfolg und ehrenvoller Anerkennung in
Hollywood. Der Vertrag mit Warner Brothers schien zu impli-
zieren, daß Hollywoods Filmemacher in dem Schriftsteller
Heinrich Mann auch einen befähigten Drehbuchautor sahen.
Sie kannten natürlich den auf Manns Roman »Professor Unrat«
basierenden Film »Der blaue Engel« (1930), der der Schauspielerin Marlene Dietrich und dem Autor zu unerwartetem Welt-
ruhm verhalf. Zweifelsohne glaubte Mann, daß seine Chefs bei

Warner in ihm eine künstlerische Begabung für die Entwicklung
von weiteren Stoffen sahen, die einen Erfolg an den Kinokassen
verhießen.

So verging für Heinrich Mann ein Arbeitstag nach dem anderen, den er am Schreibtisch seines Büros in der Hoffnung zu-
brachte, eine Idee zu finden, für die sich die Geschäftsführer bei
Warner Brothers und die amerikanischen Kinobesucher begei-
stern ließen. Manns Erfolgschancen waren allenfalls gering.
Sein Hauptproblem war: Er wußte in Wahrheit nichts über
Amerika und das, was die Zuschauer interessierte. Im Gegen-
satz zu manchen deutschen Kollegen, die schon früher einmal
nach Amerika gereist waren, um dort ihre schriftstellerischen
Arbeiten bekanntzumachen oder sogar ihr Glück in Hollywood
zu versuchen, ist Heinrich Mann – anders auch als sein Bruder
Thomas – vor seiner Flucht aus Europa nie in den Staaten
gewesen. Seine umfassenden literarischen und intellektuellen
Interessen erstreckten sich nicht auf die amerikanische Kultur.
Zwar hatte er sich amerikanische Filme in Frankreich und
Deutschland angesehen; aber diese hatten ihm nur ein sehr eng
begrenztes Bild von der amerikanischen Mentalität vermittelt.
Mann erhob keinen Anspruch, Amerika und die Amerikaner zu
begreifen. Während seiner zehn Jahre in den USA hatte er nur
sehr wenige amerikanische Freunde. Seine Themen kreisten
auch hier um die europäische Geschichte, und er machte nur
geringe Fortschritte beim Erlernen der englischen Sprache.
Kurz vor seinem Tod gestand Mann dem Studenten Wolfgang
Bartsch, der seine Doktorarbeit über den Schriftsteller schrieb:
»Amerika kennt mich fast so wenig wie ich es kenne.«[1]

Heinrich Mann hätte sein Scheitern als Drehbuchautor bei
Warner Brothers voraussehen können, hätte er seine Studioak-
ten aus der dreißiger Jahren einsehen können. Wie andere
Filmstudios auch beschäftigte Warner Brothers professionelle
Leser, die neu auf den Markt gekommene Literatur daraufhin
prüften, ob sie sich als Filmstoff eignet. Einer dieser Leser faßte

WARNER BROS.

PICTURES, INC.
WEST COAST STUDIOS
BURBANK, CALIFORNIA

WEST COAST
LEGAL DEPARTMENT

March 18, 1941

TO WHOM IT MAY CONCERN:

This is to advise you that Mr. Heinrich Mann
has been employed by this company as a motion picture
writer under a written contract since July 11, 1940, at
a salary of $100.00 per week, which salary will continue
until November 4, 1941. Thereafter we have options on
Mr. Mann's services extending to November 4, 1943, at
substantial increases in salary, the last optional term
being for a period of fifty-two weeks at $300.00 per week.

Our relations with Mr. Mann have been most
pleasant and we esteem his character and ability very
highly.

Yours very truly,

WARNER BROS. PICTURES, INC.

By _____
Assistant Secretary

Subscribed and sworn to before
me this 18th day of March, 1941.

_____
NOTARY PUBLIC
In and for the County of Los Angeles, State of California
My Commission Expires July 24, 1943.

VITAPHONE
REG'D TRADE MARK

Beschäftigungsnachweis von Warner Brothers für Heinrich Mann. Heinrich Mann Collection, U.S.C.

1933 nach Begutachtung von Manns Roman »Ein ernstes Leben« sein Urteil in die Worte: »Während meiner gesamten Lesetätigkeit habe ich noch nie ein komplizierteres Werk als dieses gelesen. Es ist gut geschrieben, kann aber nur in Buchform verstanden werden, und auch dann nur von deutschen Lesern. Dieses Buch wäre niemals für eine amerikanische Produktion geeignet.«[2]

Auch andere Leute bei Warner Brothers werteten Heinrich Manns Romane als ungeeignet für das Kino, aber aus Gründen der »political correctness«, wie man heute sagen würde. Als im Herbst 1935 Jerome Lachenbruch Manns »Die Jugend des Königs Henri Quatre« mit den Worten empfahl: »Dieser Roman ist eine Überlegung wert«, wurde dies von Mr. Matthews, dem Geschäftsführer im Filmstudio, kategorisch zurückgewiesen. In einer Aktennotiz an seinen Kollegen Mr. Daugherty schrieb er: »Dieser ganze Zeitraum ist zu verwoben mit religiösem Glaubensstreit, als daß er in Bilder umgesetzt werden könnte. Der Stoff ist reichhaltig, aber meiner Meinung nach insgesamt zu gefährlich.«[3] 1938 lehnte ein Gutachter »Die Vollendung des Königs Henri Quatre«, Manns zweiten Band seines historischen Romans über Henri IV, mit dem knappen Kommentar ab: »Alles in allem ist es schwer, diesen Teil von Henris Leben als Filmstoff zu sehen.«[4]

Heinrich Mann arbeitete während seiner Zeit bei Warner an verschiedenen Ideen für Drehbücher. Im Februar 1941 schrieb Wolfgang Reinhardt, Mitarbeiter im Büro des Stellvertretenden Geschäftsführers, einen aufmunternden Brief an ihn, doch einmal seinen neuen Roman zu skizzieren: »Sehr dankbar wäre ich Ihnen hingegen, wenn Sie sich innerhalb der nächsten zwei Wochen im Sinne unserer kürzlichen Unterhaltung mit dem Sujet Ihres neuen Romanes beschäftigen könnten. Das würde mich in die Lage setzen bei der Besprechung der materiellen Bedingungen mit dem Front Office schon in ein paar Worten auf die Filmmoeglichkeiten dieser Erzaehlung hinzuweisen.«[5]

Mann scheint Reinhardts Anregung gefolgt zu sein und den Entwurf einer Geschichte zu Papier gebracht zu haben, die er »Das Geld und Stephanie (Stephanie erbt)« nannte. (Er beendete sie 1945 als Roman unter dem Titel »Empfang bei der Welt«.) Im Mai 1941 hatte Jerry Lachenbruch von dem Exposé eine überarbeitete englische Übersetzung unter dem Titel »The Poor Shall Inherit (or Stephanie's Legacy)« fertiggestellt (»Die Armen sollen erben (oder Stephanies Erbe))«, worin Manns finstere Geschichte kurzerhand in eine typische Hollywood-Liebesgeschichte mit Happy End verwandelt ist.[6]

Aber auch Lachenbruchs »Nachbearbeitung« hat die Studiochefs nicht überzeugt. Im Oktober 1941 wurde Manns einjähriger Vertrag nicht erneuert. Damit endeten auch die Gehaltszahlungen durch Warner. Der Schriftsteller mußte sich nun arbeitslos melden und erhielt zwölf Wochen lang 18 US-Dollar pro Woche Arbeitslosenunterstützung. Danach war er finanziell auf seinen Bruder und auf einen regelmäßigen Scheck des »European Film Fund« angewiesen.

In dieser Zeit hat Heinrich Mann – vielleicht aus Langeweile und aus Enttäuschung wegen seiner Mißerfolge als Scriptwriter – wieder zu zeichnen begonnen, wie er es in früheren Jahren getan hatte. Die von ihm in Amerika hinterlassenen Blätter lassen den Betrachter an einen 70jährigen denken, der einsam an seinem Warner-Schreibtisch sitzt oder auch zu Hause, Zyklen erotischer Geschichten erdachte, frühere Zeiten, Werke und Szenen oder aktuelle Arbeiten vor dem inneren Auge. Manche Zeichnungen entstanden auf den Rückseiten von Briefbögen, die den Firmenkopf von Warner Brothers tragen. Einmal versah er die Rückseite eines Briefes von Jerome Lachenbruch an ihn vom 10. April 1941 mit einer opulenten Bordellszene.

Als Autor nicht gefragt zu sein, muß ihn damals auf das Tiefste verletzt und enttäuscht haben. Sein neuer Zufluchtsort brachte ihm wenig Freude, seine Zeit war, wenn er nicht ins Schreiben flüchtete, erfüllt vom Warten und Hoffen auf ein wenig Anerkennung. Das Zeichnen schien wie eine Therapie, die ihm half, die aufsteigende Bitterkeit zu verkraften.

Dabei hatte Heinrich Mann geglaubt, Warner Brothers habe ihn angestellt und bezahlt, weil man ihn für einen großen Schriftsteller hielt. Obschon er das war, spielte es keine Rolle. Sein Lohn von 100 US-Dollar pro Woche wurde als wohltätige Zuwendung verbucht; seine Beschäftigungskarte in der Warner-Personalabteilung trug am oberen Rand die mit Bleistift hinzugefügte Anmerkung »Donation« – Spende.

Manns Erfahrungen bei Warner Brothers decken sich ziemlich mit denen anderer Exilanten wie Alfred Döblin, der ebenfalls einen Ein-Jahresvertrag als Drehbuchautor bei Metro Goldwyn Mayer gehabt hatte. An seine Freunde Elvira und Arthur Rosin schrieb Döblin im Juli 1941: »Sie sehen mich also noch immer bei M.G.M., es heisst fleissig sein, immer neue ›Storys‹ schreiben, das laeuft zu dem Inventar des Hauses, wird uebersetzt und wartet darauf, dass ein Producer danach greift. Ich habe schon raus: die Story ist eins, das Anbringen das Zweite und das viel Schwerere. Sie muessen verstehen, eine Idee zu ›verkaufen‹. Verkaufen heisst: die Idee einem der zwanzig Producer der Firma als zugkraeftig suggerieren. Die ›storys‹, die man für den Film schreibt, werden wohl kaum hier überhaupt gelesen; es ist eine fantastische Überproduktion darin, au fond hoffnungslos für outsider wie wir.«[7]

Sein Freund, der Schriftsteller Lion Feuchtwanger, hat Manns Arbeit bei Warner Brothers so beschrieben: »Heinrich Mann war sicher nicht zum Abenteurer geboren; ihm gemaess war ein stilles Leben des Denkens, der Arbeit am Schreibtisch. Aber immer wieder wurde er in abenteuerliche und groteske Situationen hineingerissen. Er musste, ein greiser Schriftsteller von Weltruf, in einem Bureau sitzen und eine ihm durchaus fremde, untergeordneter Taetigkeit verrichten.«[8]

Der European Film Fund

Vor Heinrich Manns Ankunft in den Vereinigten Staaten hatte sein bereits dort lebender Bruder Thomas Verbindung mit dem European Film Fund (Europäischer Filmfonds) aufgenommen, um Heinrich einen Jahresvertrag bei einem der Studios in Hollywood zu verschaffen. 1938 hatte der bekannte und erfolgreiche Filmagent Paul Kohner den European Film Fund gegründet, um mittellose deutsche Schriftsteller, die ins Exil nach Amerika gezwungen waren, zu unterstützen. Kohner wußte, daß diesen Künstlern ohne Nachweis einer finanziellen Absicherung die Einreise in die Staaten kaum erlaubt wurde. Der Filmregisseur William (Wilhelm) Dieterle und seine Frau Charlotte, die Vize-Präsidentin des Fund, leiteten die in einem Büro neben Kohners Agentur am Sunset Boulevard Nummer 9172 in Hollywood untergebrachte Organisation unter Mithilfe von Paul Kohner sowie Liesl Frank, der Frau des Schriftstellers Bruno Frank. Die Mitglieder des Fund nutzten ihre persönlichen Beziehungen und Kontakte zur Filmindustrie und brachten viele Studiochefs dazu, von den Nationalsozialisten bedrohten Schriftstellern das Leben zu retten, indem sie ihnen durch eine Beschäftigungsgarantie zu einem Einreisevisum verhalfen. Manchmal – aber selten – verlängerten die Filmstudios einen Jahresvertrag, wurde aus der »Donation« ein echtes Arbeitsverhältnis.

Am 28. Januar 1941, wenige Wochen nach seiner Ankunft in Los Angeles, würdigte Heinrich Mann in einer Rede vor Mitgliedern des European Film Fund die Bedeutung ihrer Organisation bei der Unterstützung heimatlos gewordener Künstler: »Hier handeln Personen, die Europa kennen, die einen Teil ihres Lebens dort verbracht, die lange von Europa das Beste erhalten und ihm ihr Bestes gegeben haben. Vor allem: ob sie Europa, einen Teil von ihm oder das ganze, geliebt haben und sich dessen erinnern – gelitten haben sie unter ihm jedenfalls. Das unterscheidet Ihre Aktion von jeder anderen. Mitgefühl und eine anständige Gesinnung veranlassen auch Nichteuropäer, ausser ihrem Geld, sogar ihre Person in den Dienst der Verfolgten zu stellen.«[9] Er bat seine Zuhörer eindringlich, in ihrer Tätigkeit nicht nachzulassen.

Tatsächlich unternahm der European Film Fund nicht nur während des Krieges, sondern auch danach, alle Anstrengungen, so vielen Nazi-Opfern wie möglich zu helfen. Als es schließlich nicht mehr möglich war, noch Flüchtlinge aus Europa zu evakuieren, konzentrierten die Mitglieder des Fund ihre Hilfsaktivitäten auf die inzwischen in den USA lebenden Emigranten. Denn manche Künstler benötigten fortwährende finanzielle Unterstützung. Auch Heinrich Mann konnte – anders als sein Bruder Thomas oder Lion Feuchtwanger – nicht von seinen Tantiemen und sonstigen Einkünften als Schriftsteller leben und wurde von den Mitgliedern des European Film Fund über Wasser gehalten. Zu den Sponsoren zählten Vicki Baum, Marlene Dietrich, Paul Henreid und Ernst Lubitsch. Auch Lion Feuchtwanger und Thomas Mann zahlten in den Topf ein, aus dem Heinrich Mann über lange Zeit einen monatlichen Scheck über 150 US-Dollar erhielt. Mitte 1945 bemerkte Alfred Döblin dazu allerdings: »Im Grunde versorgt unser Fonds ja nur noch ca. 5-6 ältere Autoren, die sich hier nicht selbst wehren können (wie Heinrich Mann, Polgar, etc.).«[10] Der Fund fungierte auch als Kreditinstitut für Emigranten, die mit unerwarteten Kosten nicht mehr zurechtkamen. Heinrich Mann hat sich mindestens einmal hier Geld geliehen. Er sollte es zurückzahlen, sobald er dazu »in der Lage« war.[11]

Literarische Tätigkeiten und Anerkennung

Nachdem sein Vertrag mit Warner Brothers nicht mehr verlängert worden war, schrieb Heinrich Mann zu Hause. Von seinen frustrierenden Erfahrungen als Drehbuchautor abgesehen, waren Manns kalifornische Jahre sehr ergiebig. In Amerika entstanden allein vier bedeutende Werke: »Lidice«, »Ein Zeitalter wird besichtigt«, »Empfang bei der Welt« und »Der Atem«. Aber trotz seiner hohen Produktivität ist keines von Heinrich Manns neuen Werken in Amerika erschienen. Seinem Agenten Barthold Fles ist es nicht gelungen, amerikanische Verleger dafür zu interessieren. Immerhin fand der Roman »Lidice«, den Barthold Fles als »eine satirische Allegorie des Kampfs der Tschechen gegen ihre barbarischen Unterdrücker« beschrieb[12], einen Verleger in Mexiko City. Er erschien 1943 im mexikanischen Exilverlag »El Libro Libre« (Das freie Buch).

Zwei von Manns bekanntesten früheren Romanen, »Professor Unrat« und »Der Untertan«, wurden in den vierziger Jahren in Amerika neu aufgelegt, doch waren die Verkaufszahlen katastrophal für den Verlag »Creative Age Press«. Von der Neuauflage 1944 von »Professor Unrat« wurden ganze 2002 Exemplare verkauft. Der Absatz der Neuauflage des »Untertan« im Jahre 1945 kam nicht über 1182 Exemplare hinaus.[13]

Mitte 1944 hatte Mann seinen autobiografischen Roman »Ein Zeitalter wird besichtigt« abgeschlossen. Zunächst interessierte sich der amerikanische Verleger E.P. Dutten für dieses Werk, und Mann erhielt einen Vorschuß von $250 für die Option auf das Buch. Jedoch: Die Herstellung einer amerikanischen Ausgabe war von Anfang an mit Übersetzungsproblemen und überzogenen redaktionellen Eingriffen belastet. Drei endlose Jahre zog sich das hin, bis Dutton schließlich 1947 den Vertrag aufkündigte. Immerhin fand das Buch in Europa einen Abnehmer. Bereits 1945 erschien im »Neuen Verlag« in Stockholm eine schwedische Ausgabe. Das zweite im amerikanischen Exil verfaßte Buch, dessen Publikation er noch erlebte, war der autobiografische Roman »Der Atem«. Er kam 1949 beim Querido-Verlag in Amsterdam heraus. Sein »Empfang bei der Welt«, der sich auf den »Stephanie«-Drehbuchentwurf bei Warner stützte, erschien erst 1956 beim Aufbau-Verlag in der DDR. Und sein hinterlassenes historisches Romanfragment »Die traurige Geschichte von Friedrich dem Großen« wurde 1958 von der Akademie der Künste in Ostberlin als Sonderdruck der Kultur-Zeitschrift »Sinn und Form« veröffentlicht.

Obwohl er in Amerika daran scheiterte, mit neuen Arbeiten Aufmerksamkeit zu erregen, hat Heinrich Mann während seiner Zeit in der »neuen Welt« einige Anerkennung erfahren. 1943 wurde er Ehrenpräsident des »Lateinamerikanischen Komitees der Freien Deutschen« in Mexiko. Auch erreichten ihn zahlreiche Bitten amerikanischer Verleger und Zeitungen, Vorworte, Aufsätze und Essays zu verfassen. Mann war Mitbegründer des Aurora-Verlags in New York sowie Mitarbeiter bei einigen amerikanischen Anthologien. 1946 beging das »Lateinamerikanische Komitee der Freien Deutschen« Manns 75. Geburtstag mit einer großen Feier in Mexiko. Auch in den USA wurde dieses Ereignis in zahlreichen Presseartikeln und auf Tagungen gewürdigt.

Lion Feuchtwanger beschrieb damals seinen guten Freund: »Heinrich Mann hat das Deutschland des letzten Jahrzehnts früher und schärfer vorausgesehen als wir alle, er hat es dargestellt von seinen Anfängen her, lange, bevor es Wirklichkeit wurde. Als dann das grosse Grauen hereinbrach und alles so anders wurde, als wir es uns gedacht hatten, als überall in der Welt seltsame und furchtbare Wechselfälle und Umschwünge kamen, sind viele von uns irre geworden und in Panik geraten. Den einen wurden plötzlich alle Deutschen zu Halbtieren, andere wieder sahen in den Moskauer Prozessen Ausbrüche nackter, barbarischer Diktatur. Heinrich Mann hat sich durch nichts

irre machen lassen. Unverrückbar stand er zu seiner einmal erkannten Erkenntnis, unverrückbar stand er zu seiner Ueberzeugung, der Ueberzeugung eines grossen Herzens und eines scharfen Verstandes.«[14]

Das Leben in Südkalifornien

Manns Dasein in Amerika unterschied sich vom Leben im französischen Exil völlig. Als er 1933 nach Frankreich ging, war dieses Land eher eine zweite Heimat denn ein Exil. Als junger Mann war Heinrich Mann einige Male dort gewesen, er konnte die Sprache und fand problemlos in die Lebensweise und die intellektuellen Positionen des Gastlandes hinein. In Frankreich galt er als herausragende Stimme unter den deutschen Emigranten, wurde als Autorität geachtet. Er war als Redner begehrt, seine Bücher und Aufsätze erfuhren eine weite Verbreitung und wurden aufmerksam gelesen. Als politischer Journalist profilierte er sich mit seinen Ideen und Gedanken in einer regelmäßigen Kolumne in der »Dépêche de Toulouse«.

Nach seiner Ankunft in Amerika gab es ein böses Erwachen. Hier war er lediglich der ältere Bruder des bekannten Literaturnobelpreisträgers Thomas Mann. In Frankreich war Heinrich Mann, so Ludwig Marcuse, die »respektierteste moralische Autorität« in politischen Fragen.[15] In den Vereinigten Staaten nahm Thomas Mann diese Stelle ein, er war zum Wortführer und Gewissen der deutschen Exilgemeinschaft geworden. Alfred Döblin beschrieb die sich dadurch noch vertiefende komplizierte Beziehung zwischen den Brüdern Mann in einem Brief an Hermann Kesten vom 24. Juli 1941: »Als wir neulich den 70. Geburtstag von H. Mann feierten bei der Salka Viertel, war es wie einstmal: Th. Mann zueckte ein Manuskript und gratulierte daraus, dann zueckte der Bruder sein Papier und dankte auch gedruckt daraus, wir sassen beim Dessert, etwa 20 Mann und Weib, und lauschten deutscher Literatur unter uns. Da waren noch Feuchtw[anger], Werfel, Mehring, die Reinhardts, einige vom Film.«[16]

Heinrich Manns frühere »theoretische« Haltung zu Amerika scheint sich durch seine Erfahrungen vor Ort nicht geändert zu haben. In einem Brief vom 28. Juli 1941 beschreibt Manns Freund Alfred Kantorowicz ihre einstigen Gespräche über Amerika während des französischen Exils: »Ja, sehr genau erinnere ich mich an unser Zusammensein in Nizza, wie auch an unsere Begegnung in Marseille, wo Sie mich zu einer guten Mahlzeit und einer guten Flasche Burgunder (war es nicht Burgunder?) einluden, wenige Tage vor Ihrem glücklichen Entkommen aus dem unseligen Lande, das Hitler so bereitwillig

Tür und Tor geöffnet hat. Sie waren etwas besorgt, dass es in Amerika ›ja dennwohl nur Schnellrestaurants‹ geben würde. Ich hoffe von Herzen, dass Sie ebenso angenehme Enttäuschungen erfahren wie ich. Ich bin bezaubert von der wahrhaften und herzlichen Gastfreundschaft und Fürsorge, die wir hier finden. Organisationen und Einzelpersonen wetteifern, unsere Sorgen für die nächste Existenz hier zu vermindern, uns New York zu zeigen, uns das Leben hier angenehm zu machen.«[17] Manns Kommentar auf Kantorowiczs Brief bestand aus einer vielsagenden Unterstreichung des Wortes »Enttäuschungen«.

Ein dreiviertel Jahr später beschrieb Mann seine Amerikaerfahrung in einem Brief vom 3. März 1942 an Alfred Kantorowicz: »In Amerika kam ich wohl den 13. Oktober 1940 an. Früher nie. Auch nicht in Südamerika. Eindrücke belanglos.«[18] Heinrich Mann muß das neue fremde Land ähnlich wahrgenommen haben wie Alfred Döblin, der in einem Brief an Elvira und Arthur Rosin am 10. Oktober 1940 über Los Angeles schrieb: »Denn Los Angeles etc ist eine Gegend und keine Stadt. Man hat am Meer, und hie und da, einige Ortskerne gebaut, mit niedrigen Häusern und Häuschen, und ›dazwischen Zwischenräume‹. Soweit ich sehe, besteht Los Angeles wesentlich aus Zwischenräumen. In einigen Lücken findet man Ölfelder, auf anderen stehen die Müggelberge mit vielen Villen. Das Geschlecht der Fußgänger ist ausgestorben infolgedessen, oder ausgerottet. Die Menschen kommen als Autofahrer zur Welt.«[19]

In den ersten drei Jahren in Südkalifornien zogen die Manns viermal um. Zuerst lebten sie wenige Monate in einer Wohnung in Hollywood (1746 Cherokee), danach ein halbes Jahr in Beverly Hills 264 South Doheny Drive, danach ein weiteres halbes Jahr in Los Angeles 481 South Holt Avenue. Im Herbst 1943 fanden die Manns schließlich die Wohnung Nummer 36 in 301 South Swall Drive, die Nellys letztes Zuhause sein sollte. Am 16. März 1946 hat Mann seine mit dieser Wohnung verknüpften Gefühle in einem Brief an seinen Freund Félix Bertaux geschildert: »Ich habe die meine (Frau, d.A.) zutiefst geliebt, die, die seit 15 Monaten und neun Tagen tot ist, mit der ich weiterhin in genau dieser Wohnung lebe, die von ihr erfüllt ist. Ich habe nichts, was ich ihr schenken könnte, weder meine Arbeiten, noch Erinnerungen an die glückliche Zeit. Schon bevor sie gegangen ist, hat sie sich von allem gelöst, und ich bin sehr allein mit meinen Erinnerungen, die sie sich weigert, mit mir zu teilen – dort, wo sie ist.«[20]

Nach den Worten seines Bruders verlief Heinrich Manns Alltag in deprimierender Einsamkeit: »Er hängt [...] an seiner be-

quemen kleinen Parterre-Wohnung, South Swall Street, von wo er zu Fuß seine Einkäufe machen kann, und durch die noch der Atem der Verstorbenen weht. Der nach der Straße gelegene living room, gut eingerichtet, mit elegantem Schreibtisch, den er aber nicht benützt, da er zurückgezogen im Schlafzimmer arbeitet, hat einen vorzüglichen Radio-Apparat, und viel hört er abends Musik – in Californien ausgerechnet hat er seine Kenntnis des symphonischen Weltbestandes bedeutend erweitert und vertieft. Zu bestimmten Stunden des Tages liest er französisch, deutsch und englisch, und zwar, wenn die Prosa es wert ist, laut. Am Morgen, wenn er seinen starken Kaffee gehabt, früh sieben Uhr wohl bis Mittag, schreibt er, produziert unbeirrbar in alter Kühnheit und Selbstgewißheit, getragen von jenem Glauben an die Sendung der Literatur, den er so oft in Worten von stolzer Schönheit bekannt hat, – fördert das aktuelle Werk, indem er, immer noch mit eingetauchter Stahlfeder, Blatt auf Blatt mit seiner überaus klaren und deutlich ausgeformten Lateinschrift bedeckt, – gewiss nicht mühelos, denn das Gute ist schwer, aber doch mit der trainierten Fazilität des großen Arbeiters.«[21]

Unglücklicherweise mußte Heinrich Mann im Sommer 1948 diese Wohnung, die reich an zartbitteren Erinnerungen war, verlassen. Mit der Hilfe von Thomas und Katia Mann zog Heinrich dann nach Santa Monica in die 2145 Montana Avenue, Wohnung B, wo er die letzten achtzehn Monate seines Lebens verbrachte. Die Adresse lag in der Nähe von Thomas Manns Wohnsitz auf den Hügeln von Pacific Palisades. Das vereinfachte seine wöchentlichen Besuche beim Bruder und erleichterte Katia Mann die Pflege ihres Schwagers Heinrich, als sich dessen Gesundheit zunehmend verschlechterte.

Nelly Mann

Heinrich Mann war erfüllt von seiner Liebe zu seiner zweiten Frau Nelly. In einem Brief an seinen Kollegen F. C. Weiskopf vom Juli 1947 beschrieb Mann seine Gedanken und Erinnerungen an sie: »In Bandol am Meer, Anfang des Sommers 1933, stand unversehens meine Frau im Zimmer, war von Berlin, auf Umwegen über Dänemark, mir nachgereist, der grösste Beweis von Anhänglichkeit, den ich im Leben empfangen habe. Die acht Jahre Frankreich waren, ob mit der schlimmsten Zukunft vor Augen, eine glückliche Zeit. Seit 1940, Flucht nach Amerika, nahm alles ab was ich bewahrt hatte, Heiterkeit, Nachglanz der Jugend, vor allem die Gesundheit meiner Frau. Ihre Ankunft in Frankreich, ihr Abschied hier, bevor sie ›freiwillig‹ starb, sind zwei Tage, an denen ich mein Dasein und meine Produktion ermesse. Nach dem zweiten vollzieht sich das Alter, in Buch und Leben. Was man Weisheit nennt, ist so gut wie unvermeidlich; vermischt sich übrigens mit den Spuren einer lange geübten Intensität. Die letzten Romane mögen merkwürdig sein.«[22]

Heinrich Manns Enttäuschung und Melancholie während seiner Amerikazeit sind dicht mit Nellys Unglück und ihrem tragischen Tod im Jahre 1944 verbunden. Nelly war selbst von manchen seiner guten Freunde verleumdet worden. Thomas Mann begegnete ihr mit Verachtung. Trotzdem hat Heinrich seine Nelly hingebungsvoll geliebt. Er litt mit ihr, als sie immer mehr dem Alkoholismus verfiel und immer tiefer in Depressionen glitt.

Zum ersten Mal in ihrer Ehe mit Heinrich mußte Nelly eine regelmäßige Arbeit annehmen, um ihre gemeinsamen Rechnungen bezahlen zu können. Aber da sie über keine ordentliche Ausbildung oder besondere Fähigkeiten verfügte, waren ihre Verdienstmöglichkeiten gering. Zwischen August und Dezember 1943 arbeitete Nelly bei Arden Farms, einem Molkereibetrieb. In dieser Zeit verdiente sie 282 US-Dollar. Obwohl das nicht allzu wenig war (ihre Miete betrug 45 Dollar im Monat), blieb von dem Geld nichts für kleine Extras übrig. 1944 arbeitete Nelly beim Whitehouse Sanitarium, einem Sanatorium, als ungelernte Pflegerin. Hier hat sie nur insgesamt 185 US-Dollar verdient. Trotz seiner unregelmäßigeren Einkünfte verdiente ihr Mann dagegen immer noch etwas mehr. So erhielt er beispielsweise 1944 einen Vorschuß von 750 US-Dollar von Dutton für »Ein Zeitalter wird besichtigt«.

Obwohl Nelly Mann – den Schilderungen von Heinrich Mann über die dortige gute Zeit zum Trotz – bereits in Frankreich dreimal versucht hatte, ihr Leben zu beenden, gestaltete sich ihr Unglück in Amerika erst recht ausweglos.[23] Ihre Autofahrten in betrunkenem Zustand brachten ihr immer mehr Anzeigen und Verwarnungen ein. Sie verursachte sogar einige Verkehrsunfälle, einen im November 1943, zwei weitere im September und November 1944. Zeitweise wurde ihr Führerschein eingezogen. Die täglichen Sorgen, der Ärger mit der Polizei, die Ablehnung in Heinrichs Freundeskreis steigerten ihre Depression bis zu einem neuen Selbstmordversuch Anfang 1944.

Während sich Nelly in einem Rehabilitationszentrum in La Crescenta fünfzehn Kilometer von Los Angeles entfernt von ihm erholte, schrieb Heinrich ihr einen Brief, in dem er sie anflehte, geduldig zu sein, und den Wunsch zum Ausdruck brachte: »Diesmal sollst Du ganz gesund werden, auch der Kopf.« Im gleichen Brief erklärte er: »Ich beschwöre Dich, sei gut! Tu mir diese Liebe; ich habe um Dich mehr gelitten als Du denkst.

Dein eigenes Leiden geht mir furchtbar nahe. Lass Dich gesund werden!«[24]

Doch alles Bitten und Hoffen war vergeblich. Dabei hatte sie ihrem Heinrich während eines zweiten Aufenthaltes in La Crescenta im Juni 1944 einen Brief geschickt, aus dem Hoffnung sprach. Sie berichtete ihm über ihre Erlebnisse in dem Genesungsheim, eine gebildete Krankenschwester und über Mitpatienten. Heiter und etwas schwatzhaft behauptet sie: »Erholt habe ich mich sehr gut, bin sogar dicker geworden.« Sehr ausführlich erzählte sie über eine Mitbewohnerin, die »(ganz auf Ehre) eine gestürzte Hure 31 Jahre« war. Am Ende ihres Briefes wies Nelly ihren Heinrich auf eine gute Rezension seines »Professor Unrat« in der »New York Times« hin. »Aber in den hiesigen Zeitungen ist nichts erwähnt, keine Reklame, keine Kritik u. in keinem Geschäft ist es bis jetzt zu haben! Ich habe hier in einem grossen Geschäft gestern wieder gefragt.«[25] Nelly zeigte sich betroffen darüber, daß die Neuauflage des Romans in Los Angeles nicht zur Kenntnis genommen wurde. Sie unterstützte ihn so gut sie es vermochte in seiner Arbeit und seinen Hoffnungen und war in mitfühlender Weise um seinen Ruf und sein Ansehen besorgt, was ihr Seelenleiden und ihre Depression freilich noch verstärkte.

Obschon sich ihr Befinden besserte, konnte sie nicht von der Flasche lassen und setzte sich weiterhin in betrunkenem Zustand hinter das Steuer ihres Wagens. Prompt verursachte sie einen neuerlichen Unfall, der einen schweren Rückfall in die Depression bewirkte. Am 7. Dezember 1944 unternahm Nelly schließlich einen neuerlichen Selbstmordversuch. Diesmal war sie nicht mehr zu retten.

Klaus Mann, nachdem er von Nellys Tod erfahren hatte, schrieb seinem Onkel Heinrich am Neujahrstag 1945 einen rührenden Beileidsbrief: »Man hat mir von Deinem schrecklichen Verlust berichtet. Es fehlen einem die Worte. All die ›kondolierenden‹ Phrasen – so aufrichtig und gutgemeint sie auch sein mögen – erscheinen unter diesen Umständen nutzlos und oberflächlich. Das Leben ist bitter jenseits von Worten. Alles was ich Dich wissen lassen möchte, ist, daß ich an Dich denke. Und natürlich auch, daß ich mich an diese vergnüglichen Abende in Nizza erinnere, als Deine liebe Frau für uns so wunderbare Gerichte zubereitete und wir eine gute Zeit miteinander hatten! Selbst inmitten der Erschütterungen, in denen sich Europa damals bereits befand. Inzwischen, rückblickend erscheint jene Zeit friedlich und beinahe idyllisch. Wie viele Tragödien seither! Wie viele Opfer! Deine Frau ist eines davon. Möge es ihr gegeben sein, von dem Platz aus, an dem sie sich nun aufhält, Zeuge von der Geburt einer neuen Welt zu sein, in der die guten Menschen nicht gezwungen sind, sich selbst umzubringen. Wie stets, Dein Klaus.

(Englische Originalversion des Briefes:

»I have been told about your terrible loss. There is so little to say. All »consoling« phrases – however sincere and well-intended-seem to become futile and frivolous, under such circumstances. Life is bitter beyond words. All I want you to know is that I am thinking of you. And then, of course, I remember those pleasant evenings in Nice, when your dear wife cooked such delicious meals for us, and we had a good time together! Even then Europe was already in the midst of convulsions. Yet, retrospectively that period appears peaceful and almost idyllic. How many tragedies, since! How many victims! Your wife is one of them. May she be able, from the place where she now sojourns, to witness the birth of a new world where good people don't have to kill themselves. As always, yours, KLAUS«)[26]

Seiner Gewohnheit entsprechend hat Heinrich Mann ihm wichtige Stellen des Briefes unterstrichen und am Ende – orthographisch nicht ganz korrekt – auf englisch die Worte notiert: »Wunderfull, my dear Klaus.« Nach Nellys Tod zog sich Heinrich Mann noch mehr in seine Wohnung zurück, die voll von gemeinsamen Erinnerungen, an ihr Glück und ihre Tragödie war. Einen Monat nach ihrem Tod schrieb Heinrich Mann ein kleines Gebet an Nelly in sein Notizbuch:

»May the Lord watch
between me and thee,
while we are absent
one from another.

An meine liebe Frau
7. Januar 1945
(einen Monat nachher)«[27]

In einem Brief an F. C. Weiskopf bedankte sich Mann am 14. Februar 1945 für dessen Anteilnahme: »Die Bekundung Ihres Mitgefühls kommt nicht zu spät; mein Kummer ist wie am ersten Tag.«[28] Am 3. April 1945 versuchte Mann seinen seelischen Zusammenbruch infolge des Todes seiner Nelly gegenüber seinem Freund Félix Bertaux in Worte zu fassen: »Mein lieber Freund, ich habe Ihren Brief gelesen, der an meinen Bruder adressiert war, da Sie nicht wußten, wo ich wohne und ob ich existiere. Dies ist der Zustand seit dem Tode meiner Frau, der sich am 7. Dezember des letzten Jahres ereignete: Ich lebe nur noch halb, und das in einem Schatten, der sich verdichtet. Meine teure Gefährtin bedeutete alles für mich, die lebendige Vergangenheit, die acht glücklichen Jahre in Frankreich, was mir an Jugend blieb. Wir haben manchmal mit großer Ausgeglichenheit das Leben genossen, beispiellos in meiner schon lang andauernden Existenz, und wenn die tragischen Stunden kamen, haben sie uns vereinigt vorgefunden, einer als Stütze des anderen. Sie hat mir wortwörtlich ihren Arm zur Hilfe gereicht, während wir über die Pyrenäen geflohen sind. Später hat sie mich wirklich sehr im schwierigen Leben des Exils unterstützt, denn in Frankreich war es keines, wenn eine Frau wie diese schließlich den Mut verliert und von einer Aufgabe Abstand nimmt, die zu schwer geworden ist, gemessen an dem, was uns bestimmt war. Wir haben teuer dafür bezahlt, am falschen Ort geboren worden zu sein.«[29]

Der Verlust Nellys und Manns Unfähigkeit, über ihren Tod hinwegzukommen, haben ihn noch fester an Los Angeles gebunden, wo das Paar seine letzten bewegten Tage zusammen verbracht hatte. Manns fehlende Bereitschaft, Los Angeles zu verlassen, ließ ihn mehrfach Einladungen ablehnen, in die DDR überzusiedeln. In seinem Brief an Johannes R. Becher, den Präsidenten des ostdeutschen Kulturverbands zur demokratischen Erneuerung Deutschlands, offenbarte Mann im Sommer 1946 seine privaten Gründe, nicht nach Europa zurückzukehren: »Ein kleiner Satz von Ihnen rührte mich: ›Bitte kehren Sie bald zu uns zurück.‹ Das ist ein lieber Wunsch, es wäre der meine lieber Joh. R. Becher, hier spreche ich allein zu Ihnen, der Sie mir schöne Gedichtsbücher schicken und freundliche Briefe schrieben. Ihnen darf ich mich anvertrauen, ohne dass jeder es hört. Die letzten 5 Jahre meiner Abwesenheit enthalten schmerzliche Erlebnisse, bisher nicht überwundene [...]. Ohne meine geliebte Frau, die ich hier verloren habe, dorthin zurückzukehren wo wir lebten, wäre mehr als leidvoll, mir erschiene es nicht ganz wirklich. Dies kann sich ändern, falls ich alt genug werde. Mir widerstrebt es, Einladungen wie Ihre endgültig mit nein zu beantworten. Darf ich es mir künftig mit innerer Zustimmung erlauben, dann komme ich. Immerhin wäre es gut mich vorzubereiten.«[30]

In den Jahren nach Nellys Tod isolierte sich Mann immer mehr von der Außenwelt und zog sich in seine Arbeit, im Geiste aber auch aus Amerika zurück und wandte sich wieder mehr und mehr Europa zu. Im April 1945 beschrieb Mann sein tägliches Dasein in einem Brief an Félix Bertaux: »Dort bin ich nun. Die Arbeit, die wie üblich geordnet ist, hält mich aufrecht, ohne daß ich darin eine andere Notwendigkeit als diese sehen würde. Im übrigen bin ich nun 74 Jahre alt und habe Tuberkulose, so wie die alten Leute, die aber nicht daran sterben. Sie sterben daran, gelebt zu haben, aber glauben Sie ja nicht, daß ich fortwährend tiefbetrübt bin: Ich mache in diesem Brief, der an viele Dinge anrührt, einen solchen Eindruck. Regelmäßig höre ich gute Musik und sehe meinen Bruder und einen oder zwei Freunde. Es stimmt, daß ich diesen Ort nur verlasse, um ein Grab zu besuchen. Letztes Jahr habe ich ausschließlich Voltaire gelesen. Schließlich empfinde ich eine mehr oder weniger deutliche Verpflichtung, meinen Ansichten über die jetzige und die zukünftige Zeit Ausdruck zu verleihen. Solange sie lebte, hatte ich den Mut, daraus ein dickes Buch zu machen, das, wie nicht anders zu erwarten, auf Englisch erscheinen wird…«[31]

Eines Tages erschien der Schriftstellerkollege Hermann Kesten bei Mann in Los Angeles. Er kannte ihn gut und beschrieb dessen Leben so: »Im Jahre 1948 besuchten meine Frau und ich den alten Dichter. Er lebte nach dem Tode seiner Frau in großer Einsamkeit in einem kleinen Apartment in Los Angeles, 301 So. Swall Drive. Einmal in der Woche kam eine alte Putzfrau, räumte auf und kochte für die ganze Woche, und Heinrich Mann aß aus dem Eisschrank. Er hatte kein Auto. Also war er von den kalifornischen Städten so gut wie abgeschlossen, ja abgeschlossen vom Anblick der Menschen. Heinrich Mann sah nur wenige Freunde, Ludwig Marcuse, Lion Feuchtwanger, einmal in der Woche holte man ihn ab, ins Haus seines Bruders Thomas Mann. Das Gefühl der Einsamkeit, das mich in der verlassenen Wohnung von Heinrich Mann ergriff, in der er selber wie ein zufälliger Besucher wirkte, drückte mich noch tagelang in dieser lachenden, blühenden Wüste von Kalifornien. Aber bei aller Melancholie war Heinrich Mann auch damals voll Witz.«[32]

Die Rückkehr nach Deutschland

Johannes R. Becher schrieb Mann des öfteren und lud ihn ein, nach Europa zurückzukehren; er bat ihn um Unterstützung für den Aufbau der neuen ostdeutschen Republik. Becher, der das Exil in der Sowjetunion verbracht hatte, wies darauf hin, wie sehr Mann der europäischen Kulturszene fehle. In seinem Brief vom 8. November 1945 schrieb Becher: »Bitte denken Sie nur das eine nicht: dass Sie hier in Deutschland vergessen seien und dass wir nicht ungeduldig darauf warten würden, dass Sie alsbald zurückkehren. Wie sehr Sie zu diesem neuen Deutschland gehören, bleibt uns stets bewusst. So schreibe ich Ihnen persönlich und bitte Sie im Namen aller unserer Freunde: Kommen Sie. Sie werden erwartet.«[33]

In einem Brief vom 24. März 1946 drückte Alfred Kantorowicz die Erwartung aus: »Ich hoffe so sehr, dass in diesem neuen Jahr Ihres Lebens das bessere Deutschland Sie als seinen geistigen Fuehrer willkommen daheim gruessen wird. Ihre Anwesenheit, Ihr Rat, Ihre Weisheit waren wohl niemals notwendiger als in diesem Zeitpunkt, da ein neuer Anlauf genommen werden soll, uns Deutsche in ein Kulturvolk zurueckzuverwandeln.«[34]

Immer wieder hat Becher im Laufe der Jahre die Einladung an Heinrich Mann erneuert. Ihm wurde schließlich sogar das Amt des Präsidenten der Akademie der Künste zu Berlin angeboten und der Nationalpreis I. Klasse für Kunst und Literatur der Deutschen Demokratischen Republik verliehen.

Nur sehr langsam heilten die durch Nellys Freitod gerissenen emotionalen Wunden. Allmählich erkannte er, daß das jetzige Europa ein anderes war als das, welches er zurückgelassen hatte: »Die Emigration lebt arm, sehnsuchtsvoll und von Zweifeln bedrängt. Wer jetzt heimkehren könnte, fände das unlängst verlassene Land nicht wieder.«[35] Dennoch: Trotz seiner Sorgen und seiner sich verschlechternden Gesundheit bereitet Mann sich schließlich auf eine Rückkehr nach Deutschland vor. Im April wollte er den polnischen Dampfer »S.S. Batory« besteigen und am 28. April in Gdynia eintreffen. Es sollte nicht sein. Irgendwann in den Nachtstunden des 12. März 1950, nachdem er ungewöhnlich lange aufgeblieben war und Musik gehört hatte, starb Heinrich Mann kurz vor seinem 79. Geburtstag in Santa Monica im Schlaf an einer Gehirnblutung. Er wurde auf dem Woodlawn Cemetery in Santa Monica begraben, doch 1961 wurden seine Überreste exhumiert und nach Ostberlin gebracht, wo sie auf dem Dorotheenstädtischen Friedhof beigesetzt wurden.

In seiner Grabrede hatte Lion Feuchtwanger am 14. März 1950 Heinrich Manns enttäuschende Erfahrungen in Los Angeles in verständnisvolle Worte gefaßt: »Er verbrachte die letzten siebzehn Jahre im Exil, zuerst in einem Lande, das er liebte, dann in einem Lande, das ihn nicht verstand und in dem er sich sehr fremd fuehlte und bitter einsam. Er war ein deutscher Schriftsteller, er wollte und konnte sich nicht an die fremde Sprache gewöhnen, er sehnte sich nach der Heimat. Aber er wusste, dass auch die Heimat zur Fremde geworden war.«[36]

1 Heinrich Mann: Handschrift-Notizbuch (Box 4, Mappe 8, S. 133). Heinrich Mann Collection. Specialized Libraries and Archival Collections, University of Southern California.

2 F. Stephani: Ein ernstes Leben. Abriss vom 5.2.1933. Warner Brothers Archive. Cinema-Television Library, University of Southern California.

3 Jerome Lachenbruch: Die Jugend des Koenigs Heinrich IV. Kurzfassung vom 14.10.1935. Warner Brothers Archive. Cinema-Television Library, University of Southern California.

4 Harriet Hinsdale: Henry, King of France Part II. 30.7.1938. Warner Brothers Archive. Cinema-Television Library, University of Southern California.

5 Wolfgang Reinhardt: Brief an H. Mann vom 15.2.1941 (Box 4, Mappe 54). Heinrich Mann Collection. Specialized Libraries and Archival Collections, University of Southern California.

6 Jerome Lachenbruch: The Poor Shall Inherit (or Stephanie's Legacy). Kurzfassung vom 27.5.1941. Warner Brothers Archive. Cinema-Television Library, University of Southern California.

7 Alfred Döblin: Briefe, Olten und Freiburg i. Breisgau 1970, S. 253.

8 Lion Feuchtwanger: Heinrich Mann. Rede an seinem Grab gehalten von Lion Feuchtwanger. In: The German American, Bd. 8, Nr. 1 [April 1950], S. 8.

9 Heinrich Mann: Emergency Rescue Committee (Box 6, Mappe 3). Heinrich Mann Collection. Specialized Libraries and Archival Collections, University of Southern California.

10 Alfred Döblin: Briefe, S. 319.

11 European Film Fund (Box 5, Mappe 47). Heinrich Mann Collection. Specialized Libraries and Archival Collections, University of Southern California.

12 Barthold Fles: Rezension (Box 1, Mappe 62). Heinrich Mann Collection. Specialized Libraries and Archival Collections, University of Southern California.

13 Creative Press Briefwechsel (Box 4, Mappe 32). Heinrich Mann Collection. Specialized Libraries and Archival Collections, University of Southern California.

14 Lion Feuchtwanger: Heinrich Mann zu seinem fünfundsiebzigsten Geburtstag. Manuskript (Box D5, Mappe 122, S. 2). Lion Feuchtwanger Archive. Specialized Libraries and Archival Collections, University of Southern California.

15 Ludwig Marcuse: »Das sonderbare Ehepaar Nelly und Heinrich Mann«. In: Die Zeit, 25 März 1960.

16 Alfred Döblin: Briefe, S. 256.

17 Alfred Kantorowicz: Brief vom 28.7.1941 (Box 1, Mappe 113). Heinrich Mann Collection. Specialized Libraries and Archival Collections, University of Southern California.

18 Heinrich Mann: Ein Zeitalter wird besichtigt. Frankfurt a.M. 1987, S. 716.

19 Alfred Döblin: Briefe, S. 242.

20 Heinrich Mann: Handschrift-Notizbuch (Box 4, Mappe 8, S. 88). Heinrich Mann Collection. Specialized Libraries and Archival Collections, University of Southern California.

21 Thomas Mann: Bericht über meinen Bruder. In: Aufbau. Bd. 6, Nr. 4 (1950), S. 308.

22 Heinrich Mann: Handschrift-Notizbuch (Box 4, Mappe 8, S. 116-117). Heinrich Mann Collection. Specialized Libraries and Archival Collections, University of Southern California.

23 Stefan Ringel: Heinrich Mann. Ein Leben wird besichtigt, Darmstadt 2000, S. 349.

24 Heinrich Mann: Brief an Nelly Mann undatiert (Box 2, Mappe 42). Heinrich Mann Collection. Specialized Libraries and Archival Collections, University of Southern California.

25 Nelly Mann: Brief an Heinrich Mann vom 15.6.1944 (Box 2, Mappe 44). Heinrich Mann Collection. Specialized Libraries and Archival Collections, University of Southern California.

26 Klaus Mann: Brief an H. Mann vom 1.1.1945 (Box 2, Mappe 35). Heinrich Mann Collection. Specialized Libraries and Archival Collections, University of Southern California.

27 Heinrich Mann: Handschrift-Notizbuch (Box 4, Mappe 8, S. 70). Heinrich Mann Collection. Specialized Libraries and Archival Collections, University of Southern California.

28 Ebd., S. 71.

29 Ebd., S. 75f.

30 Ebd., S. 102f.

31 Ebd., S. 76.

32 Hermann Kesten: Meine Freunde, die Poeten. Heinrich Mann, Frankfurt a.M. 1970, S. 35.

33 Johannes R. Becher: Brief an Heinrich Mann vom 8.11.1945 (Box 1, Mappe 14). Heinrich Mann Collection. Specialized Libraries and Archival Collections, University of Southern California.

34 Alfred Kantorowicz: Brief an Heinrich Mann vom 24.3.1946 (Box 1, Mappe 113). Heinrich Mann Collection. Specialized Libraries and Archival Collections, University of Southern California.

35 Heinrich Mann: Unbekanntes Manuskript (Box 6, Mappe 2). Heinrich Mann Collection. Specialized Libraries and Archival Collections, University of Southern California.

36 Lion Feuchtwanger: Heinrich Mann. Rede an seinem Grab, S. 8.

HANS WISSKIRCHEN

Der Autor als Zeichner
Heinrich Manns unbekannte Zeichnungen
und sein literarisches Werk

Thomas-Mann-Zitate haben es an sich, daß sie immer wieder im Munde geführt werden, wenn das Verhältnis zum Bruder Heinrich Mann zur Sprache kommt. Man liest sie leider nicht immer in der gebotenen Differenziertheit, und so wird dann oft zum Totschlagargument, was gar nicht dafür taugt.

So verhält es sich auch mit Thomas Manns Rede von den Zeichnungen mit »dicken nackten Weibern«, die nach dem Tode in Heinrich Manns Schreibtisch gefunden worden sind. Man darf vermuten, daß er sie gar nicht intensiv angeschaut hat. Er zitiert lediglich Katia, die das Aufräumen der Wohnung des verstorbenen Bruders übernommen hatte.

Nicht gesagt ist damit, daß Thomas Mann sich der Meinung seiner Ehefrau über die Zeichnungen des Bruders angeschlossen hätte. Im Gegenteil! Thomas Mann nimmt die Rede von den Zeichnungen sofort zum Anlaß, auf den Grund der Dinge zu gelangen, wenn er im Tagebuch schreibt: »Das Sexuelle in seiner Problematik bei uns Geschwistern, Lula, Carla, Heinrich und mir. Vikko scheint simpel gewesen zu sein, freilich seine Frau reichlich betrogen zu haben.«[1]

Deutlich wird hier: Das Sexuelle ist kein Randthema bei den Brüdern Mann, das in den Bereich des Sensationellen und Schlüpfrigen gehört. Dieser Bereich konstituiert vielmehr in einem grundlegenden Sinne ihre Künstlerpersönlichkeiten.

Er ist daher auch nicht erst für die vierziger Jahre von Bedeutung, als in den USA die Zeichnungen entstanden, von denen hier die Rede ist, sondern von Beginn an. Und auch die Mischung aus Sexualität und Kunst im schwierigen Verhältnis der Brüder zeigt sich schon am Beginn der Schriftstellerlaufbahn von Heinrich Mann.

In einem der ersten Dokumente des Bruderzwistes ist es speziell diese hochbrisante Mischung, die Thomas Mann die zentralen Einwände gegen das Werk des Bruders liefert. Am 5. Dezember 1903 schreibt er über seine Eindrücke bei der Lektüre von Heinrich Manns Roman »Die Jagd nach Liebe«. Thomas

Mann läßt kein gutes Haar an dem Roman, verwendet über vier Seiten des Briefes auf eine geradezu vernichtende Kritik. Er spricht von »wüsten, grellen, hektischen, krampfigen Lästerungen der Wahrheit und Menschlichkeit«[2], wendet sich gegen die ästhetische Maßlosigkeit des Werkes und wirft dem Bruder eine zu schnelle und oberflächliche Produktion vor. Das alles wirkt jedoch nur wie ein zaghaftes Vorspiel für den abschließenden Schlag in seinem Brief.

»Es bleibt die Erotik, will sagen: das Sexuelle. Denn Sexualismus ist nicht Erotik. Erotik ist Poesie, ist das, was aus der Tiefe redet, ist das Ungenannte, was Allem seinen Schauer, seinen süßen Reiz und sein Geheimnis gibt. Sexualismus ist das Nackte, das Unvergeistigte, das einfach bei Namen Genannte. Es wird ein wenig oft bei Namen genannt in der ›Jagd nach Liebe‹. Wedekind, wohl der frechste Sexualist der modernen deutschen Litteratur, wirkt sympathisch im Vergleich mit diesem Buch. Warum? Weil er dämonischer ist. Man spürt das Unheimliche, das Tiefe, das ewig Zweifelhafte des Geschlechtlichen, man spürt ein Leiden am Geschlechtlichen, mit einem Worte, man spürt Leidenschaft. Aber die vollständige sittliche Nonchalance, mit der Deine Leute, haben sich nur ihre Hände berührt, mit einander umfallen und l'amore machen, kann keinen besseren Menschen ansprechen. Diese schlaffe Brunst in Permanenz, dieser fortwährende Fleischgeruch ermüden, widern an. Es ist zu viel, zu viel ›Schenkel‹, ›Brüste‹, ›Lende‹, ›Wade‹, ›Fleisch‹ und man begreift nicht, wie Du jeden Vormittag wieder davon anfangen mochtest, nachdem doch gestern bereits ein normaler, ein tribadischer und ein Päderasten-Aktus stattgefunden hatte.«[3]

Darin kommt eine tiefe Differenz in Fragen der Sexualität bei den Brüdern Mann zum Ausdruck, die hier nur im Hinblick auf Heinrich Mann interessiert. Zusammenfassend kann man sagen, daß Thomas Mann wohl richtig sieht, aber sehr problematisch wertet. Es ist der androgyne Blick, der im Sexuellen eher den männlichen Körper bevorzugt, der mit der weiblichen

Sexualität, wie sie bei Heinrich Mann Gestalt gewinnt, seine Probleme hat. Bei Heinrich Mann nämlich gehen Weiblichkeit und Literatur und später auch Weiblichkeit und Politik eine innere Verwandtschaft ein, die es nicht zuläßt, das eine vom anderen zu trennen. Daß dies in seinem Frühwerk, das Thomas Mann hier beispielhaft in den Blick nimmt, zu einer Übersteigerung des Sexuellen geführt hat, war Heinrich Mann durchaus bewußt, und er hat dies in seiner künstlerischen Entwicklung sehr wohl gesehen. Darüber später mehr.

Verstehbar sind seine Zeichnungen nur in diesem Kontext, als Dokumente einer Künstlerpersönlichkeit, die sich eben nicht primär über den politischen Blick definieren läßt, wie es in der Forschung allzu lange geschehen ist, sondern die nur angemessen verstanden werden kann, wenn man die Verknüpfung von Sexualität, Kunst und Politik begreift.

Aus dieser Tatsache heraus erhalten die bisher unbekannten Zeichnungen ihre besondere Bedeutung. So finden wir literarische Zyklen, die sich speziell mit der europäischen Geistesgeschichte beschäftigen. Dafür steht etwa der Voltaire-Zyklus sowie die zum Friedrich-Fragment gemachten Zeichnungen. Ein zweiter wichtiger Bereich ist die Auseinandersetzung mit der aktuellen Politik, was in den Jahren nach 1940 vor allem die Auseinandersetzung mit Adolf Hitler meint. Und schließlich finden sich die erotischen Zeichnungen, die in einer Reihe von Zyklen dominieren. Immer wieder, das gilt es zu betonen, fließen die drei Elemente aber auch in einer Zeichnung zusammen, wird etwa die Kritik an Hitler-Deutschland auch über die Sexualität vermittelt.

Einsichtig wird das erst, wenn man diesen Strang seines Wirkens in einem ersten Schritt von den Anfängen bis ins Spätwerk in den Grundzügen nachzeichnet. Dabei wird immer wieder der Bezug zu den Zeichnungen herzustellen sein.

Anschließend soll die Rolle Heinrich Manns als Zeichner im Rahmen seiner Künstlerpersönlichkeit in den Blick genommen werden.

Drittens und abschließend sollen die im vorliegenden Band präsentierten Zyklen beschrieben und die bisherigen Forschungsergebnisse vorgestellt werden. Dabei wird das Hauptaugenmerk auf den Zusammenhang der Zeichnungen mit den gleichzeitig entstehenden literarischen Werken und den biographischen Bezügen gelegt.

Angestrebt ist eine erste Einordnung der wichtigsten Zyklen in das literarische Werk Heinrich Manns. Dabei sollen vor allem Anstöße gegeben, der künftigen Forschung Wege aufgezeigt werden. Eine umfassende Einordnung der Zeichnungen in das Spätwerk Heinrich Manns ist nicht angestrebt, sondern das

Vorzeichnen von Erkenntnisschneisen. Dies in der Hoffnung, daß der Band und das in ihm enthaltene Werkverzeichnis zu einer intensiven Auseinandersetzung der Germanistik und der Kunstgeschichte mit dem zeichnerischen Werk Heinrich Manns führen werden.

1. Sexualität, Kunst und Politik bei Heinrich Mann

Die Antwort Heinrich Manns auf den Bruderbrief ist nicht erhalten. Aber man kennt seine Notizen, die er sich auf der Rückseite des Briefes gemacht hat. Ein Kernsatz lautet: »Das *Sexuelle* eine grauenhaft einfache Sache.«[4]

Wie das zu verstehen ist, hat Heinrich Mann in einem Brief an seinen Freund Ludwig Ewers erläutert. Darin entwickelt er seine Theorie der Sexualität, die fraglos seine frühen Jahre dominiert hat.

»Für mich ist ›Liebe‹ Einbildung wie alles übrige. Es sind in mir, bei Beginn des Prozesses, Reizungen der Sexualnerven vorhanden, die überhaupt keinen äußern, sondern nur in mir liegende physiologische und pathologische Gründe haben. Das erste mir begegnende und meinem Geschmack einigermaßen zusagende und – zugängliche Weib wird dann Exzesse veranlassen.«[5]

Zwar schränkt Heinrich Mann diese radikale Behauptung nachfolgend etwas ein, wenn er davon spricht, daß »natürlich Geschmacksfragen in Betracht« kämen, aber in seinen folgenden Schilderungen verstärkt er noch den Eindruck der grauenhaften Einfachheit der Sexualität.

»Für mich selbst liegt ein Beweis für die obige Theorie auch im häufigen Wechsel des Objekts. Die Hamburger Blondine, von der ich Dir neulich berichtete, hat mich in den letzten Wochen zweimal zu Exzessen veranlaßt. Als ich sie vorgestern, in meinem dunkeln Drange, wieder aufsuchte, fand ich sie weder auf dem Strich noch im Café und entschädigte mich mit einer wilden schwarzen Berlinerin: pikant und gemein. Selbst im Bett immer die Zigarette im Munde, und zwischen den einzelnen Akten immer neue psychopathisch-sexuelle Fälle eigener Erfahrung erzählt. Nach einer Stunde etwa (wenn eine Frau mich amüsiert, geht mein eigner Wille fast völlig in die Brüche) fiel ihr ein, wir müßten uns wieder anziehen, sie wolle noch in ein paar Cafés. Von 3-4 also lumpen wir herum, dann kehrten wir ins eheliche Gemach zurück.«[6]

Das Sexuelle und die Liebe, die Sinnlichkeit und eine irgendwie geartete ideale Bedeutung der Beziehung zwischen Mann und Frau sind hier getrennt. Der »Wechsel des Objekts« ist die Formel, die Heinrich Mann dafür gefunden hat.

Ausdrücklich verwahrt er sich dagegen, diese Bemerkungen als »Herrenanekdote« abzuqualifizieren, sondern er bezeichnet sie mit Nachdruck als Einblick in das, »was zur Zeit in mir am intensivsten lebt«.[7]

Von daher bleiben sie auch nicht rein äußerliche Sensation, sondern bestimmen die frühe Produktion Heinrich Manns. Speziell in den Romanen »Im Schlaraffenland« (1900), »Die Jagd nach Liebe« (1903) und der Romantrilogie »Die Göttinnen« (1903) eignet der Sexualität etwas Maßloses, Zerstörerisches, nicht in das normale Maß Integrierbares. Sie bleibt das Fremde, Bedrohliche. Und der Blick des Bruders, der nur die sexuellen Maßlosigkeiten sieht, greift zu kurz, weil er das Existentielle im Frühwerk Heinrich Manns, die Verbindung von Kunst und Leben in der extensiven Gestaltung der Sexualität, verkennt.

Heinrich Mann hat sich über das Problematische dieser Tatsache keinerlei Illusionen gemacht. Die bis ins Spätwerk hinein vorhandene Qualität der schonungslosen Selbstbetrachtung läßt sich auch hier beobachten. Im vor kurzem erst veröffentlichten Briefwechsel mit seiner Verlobten Inés Schmied gibt es ein bekenntnishaftes Schreiben vom 25. Juli 1905. Es stellt eine Zäsur dar in seiner Ansicht über das Verhältnis von Frauen, Sexualität und Literatur. Es ist zudem durch einen retrospektiven Blick geprägt, weil Heinrich Mann aus einer Situation heraus schreibt, die eine bisher vermißte Einheit von Sinnlichkeit und Liebe jetzt kennt. Damit wird auch vieles Frühere deutlicher in den Blick genommen. Ausgangspunkt der Äußerungen Heinrich Manns ist die Tatsache, daß seine Verlobte Kritik an der Romantrilogie »Die Göttinnen« geübt hatte.

»Ich will sagen, woher, meines Erachtens, das Unbefriedigende des Buches kommt. Daher, daß die große, heidnische Sinnlichkeit, die darin gefeiert wird, doch eigentlich hier garnicht das Ideal ist. Sie ist nur Ersatz für etwas Höheres, woran man aber nicht glaubt. Du mußt Dich erinnern: es war mir keine Liebe begegnet und Nichts, was mir geliebt zu werden, werth schien. Aus Mangel an Nahrung für meine Zärtlichkeit behauptete ich, nur auf Sinnlichkeit komme es an; und behauptete es umso lauter, je weniger ich es innerlich glaubte. Ich log nicht grade; man kann sich ja Vieles suggeriren. Dazu kommt, daß ich mich doch wirklich auch mit meiner Jugend-Sinnlichkeit auseinanderzusetzen hatte.

Aber thatsächlich wurde das Bedürfniß nach wirklicher Liebe immer stärker; und nur dieses giebt, meine ich, der Jagd nach Liebe den leidenschaftlichen Zug. (Dieses Buch ist gänzlich mißverstanden worden. Man hat es auch nur für einen Erguß der Sinnlichkeit gehalten: es ist mehr.)«[8]

Es würde wohl zu kurz greifen, wenn man Heinrich Manns

Argumentation allein als sehr ehrliche und rhetorisch brillante Rettung seines Frühwerkes ansehen würde. Wichtiger ist der Hinweis, daß seine frühen Romane unter einem therapeutischen Aspekt gesehen werden müssen. Die Bewältigung der »Jugendsinnlichkeit« durch die Literatur hat diese sicher nicht besser gemacht, ihnen aber eine große Authentizität verliehen. Genau diesen Wert stellt Heinrich Mann heraus.

Es nimmt nach dem Gesagten nicht wunder, daß Heinrich Mann mit »Professor Unrat« (1905) eine neue Entwicklungsstufe bezeichnet. Dieser Roman habe der Verlobten nicht zufällig besser gefallen. »Das, was *Deinem* Zeitpunkt, dem Zeitpunkt da ich Dich fand, näher liegt, muß auch Dir selber näher liegen; ich reifte ja allmählich innerlich heran für Dich. [...] ›Unrat‹, dieses lächerliche alte Scheusal, fühlt doch wenigstens Liebe zur Künstlerin Fröhlich, vertheidigt sie gegen die ganze Welt, überhäuft sie mit all seiner wunden Zärtlichkeit. Darum ist er menschlicher als die Herzogin, und darum verstehst Du ihn besser. Er hat doch einige Ähnlichkeit (erschrick nicht!) mit mir: mit Dem, der Dich liebt; während ich mit Allem, was in den ›Göttinnen‹ steht, heute kaum noch Ähnlichkeit fühle.«[9]

Daß er »heranreift« hin zur wirklichen Liebe zu einer Frau, kann im »Unrat« nur mühsam durch Interpretation erschlossen werden. Hier liest Heinrich Mann etwas in das Buch hinein, was nur schwach in ihm vorhanden ist, was vielmehr durch die aktuelle Beziehung zu Inés Schmied hervorgerufen ist.

Ihren eigentlichen literarischen Niederschlag hat diese Beziehung im Roman »Zwischen den Rassen« (1907) gefunden. Auf den Vorwurf seiner Geliebten Lola, sie sei eifersüchtig auf die vielen Frauen und Wesen, die er um des Werkes willen liebe, antwortet dort der Künstler-Held Arnold Acton:

»Du irrst: ich habe geschrieben, um mich leben zu fühlen. Aber lebe ich jetzt nicht durch Dich? Ich habe geschrieben, um groß zu werden: aber welche Macht hätte ich nicht von Dir! Einem Dichter erschließt Liebe alle Schicksale. Früher trieb starre Herrschsucht die Welt durch meine Visionen. Jetzt ist, was sie in Bewegung setzt, Liebe. Das große Getriebe meiner Geschichte hat einen innigeren Gang. Plötzlich steht alles still: steht und neigt sich vor Dir.«[10]

Sieht man diese Romanstelle im Zusammenhang mit dem Brief an Inés Schmied, dann wird die autobiographische Grundierung sofort deutlich. Hier scheint eine andere Art von Liebe auf. Jetzt dominiert bei Heinrich Mann nicht mehr die von »Herrschsucht« geprägte Sexualität, die nur als Ersatz für das Eigentliche steht, für das noch kein Gegenstand und damit auch keine Worte gefunden worden waren. Die Liebe ist jetzt in das Innere des Werkes vorgedrungen, wird zum Movens der poetischen Geschichten Heinrich Manns. Das ist ein epochales Ereignis, das nicht auf die Kunst beschränkt wird. Mit dem Roman »Zwischen den Rassen« beginnt vielmehr noch eine andere Linie in seinem Werk, die für die späten Zeichnungen ebenfalls fundamental ist. Es ist die Verbindung von Liebe/Sexualität und Politik.

Ausdrücklich nimmt Acton Bezug auf Rousseau, und sein politisches Credo mündet in einer begeisterten Anrufung der Französischen Revolution.

»Erinnern Sie sich, daß es schon einmal genügt hat, an die irdische Vervollkommnung des Menschengeschlechtes zu glauben: und er machte einen stürmischen Schritt auf sie zu. Die glücklichen Menschen des achtzehnten Jahrhunderts glaubten. Das Jahr 1789 war ihr Lohn. Dies Jahr war da. Dies arkadische Verbrüderungsfest ist gefeiert worden. Sein Gedächtnis ist unser Trost. Seit diesem Ausbruch des Besseren im Menschen ist alles möglich ...«[11]

Interessant ist, daß jetzt die Frauen die skeptischere Haltung einnehmen, die idealistischen Höhenflüge des Mannes relativieren: »Sie empfand, daß auf fester Erde sein Traum keine Stätte habe«[12], lautet der Kernsatz eines inneren Monologes Lolas.

Ausdrücklich jedoch werden die politischen Träume Actons mit der Liebe zu Lola in Verbindung gebracht, wenn der Erzähler auf den Helden blickt und bemerkt: »Er schien stolz, daß nun auch er einen Glauben bekennen durfte. Ihr war's, als lauschte sie einer Werbung, der sie sich immer schwächer entgegenstemmte.«[13]

Was auf den ersten Blick seltsam wirkt, daß ein politisches Bekenntnis als Werberede an die Geliebte verstanden wird, erklärt sich aus der Biographie Heinrich Manns.

Gegenüber Inés Schmied hatte er ja mit Nachdruck erklärt, daß ihm der Glaube an eine Idee gefehlt habe und daß seine wüste Sexualität in Leben und Werk nur ex negativo zu verstehen gewesen sei. Sie sei nicht mehr als eine Ersatzhandlung gewesen. Jetzt kann er glauben, und Glaube und Liebe gehen zusammen.

Auffällig ist freilich, daß das Steile, Sinnliche, die furchtbar einfache Sexualität in dieses neue Schreibmodell nicht zu integrieren ist. In »Zwischen den Rassen« ist die Liebe zu Inés Schmied noch sehr direkt und unvermittelt verarbeitet und daher die extreme Sexualität des ästhetizistischen Frühwerks in einer radikalen Gegenbewegung durch eine politisch-ideale Liebesvorstellung gleichsam ausgewechselt worden. Dabei konnte es nicht bleiben. Wie Demokratie und Sexualität in einen sinnvollen Zusammenhang treten können, entwickelt erstmals der Roman »Die kleine Stadt«, 1909 erschienen.

Ariane Martin hat eindrucksvoll nachgewiesen, daß Heinrich Manns 1906 erschienener Essay »Der Fall Muri« das Programm der erotischen Demokratie in diesem Roman in nuce enthält.[14]

Linda und Tullio Murri, ein aus einem liberal ausgerichteten bürgerlichen Elternhaus stammendes Geschwisterpaar, waren Anfang des Jahrhunderts in Italien angeklagt worden, den Ehemann der Schwester, den Grafen Francesco Bonmartini, im September 1902 gemeinsam ermordet zu haben. Der Fall erregte großes Aufsehen, und Linda Murri wurde trotz mangelnder Beweise wegen Anstiftung zum Mord verurteilt. Heinrich Mann interessierte sich von Beginn an für den Fall und hat sich in mehreren Veröffentlichungen dazu geäußert. Ein Schwerpunkt lag dabei auf dem impulsiven italienischen Temperament des Bruders Tullio Murri, das ihn für die Mordtat am verhaßten Ehemann der Schwester prädestinierte. Nicht der Mord ist es jedoch, dem Heinrich Mann vor allem seine Aufmerksamkeit widmet, sondern er blickt auf die dahinter sichtbar werdenden Handlungsmotive. Diese weitet er ins Große, gleichsam Politische aus.

Der Essay beginnt folgendermaßen:

»Die romanischen Demokratien wurzeln in erotischer Erregbarkeit. Jeder Einzelne ist, weil ihm immer eine Frau dazwischenkommt, undisziplinirbar; ist Künstler, weil die Begierde nach der Frau seinen Vorstellungen Kraft giebt; eitel, kühn und gewandt durch den Wettbewerb um die Frau; und, da er sich immer ihren Blicken ausgesetzt fühlt, um seine Manneswürde immer besorgt. Auch der König ist nur ein Mann: ein Rival. Die fortwährende Gegenwart des Geschlechts läßt keine Ehrfurcht aufkommen.«[15]

Dieses Modell wird im Roman ›Die kleine Stadt‹ ästhetisch verwirklicht. Jenseits allen Pathos werden die Einwohner einer unbedeutenden italienischen Stadt mit allen ihren Stärken und Schwächen in ihren sexuellen und politischen Verwicklungen dargestellt, um damit das Modell einer erotisch begründeten Demokratie vor die Augen der Leser zu stellen. Ariane Martin schreibt dazu: »Nicht nur die Auseinandersetzungen der Parteien entzünden sich in ›Die kleine Stadt‹ an erotischen Themen. Die Beziehungen der handelnden Figuren werden vom Autor als ein Netz erotischer Konstellationen geknüpft, deren Dynamik politische Ereignisse auslöst. Die zahlreichen erotischen Beziehungen, aus denen sich die verschiedenen einander kreuzenden Handlungsstränge ableiten und sich im Zusammenhang des gesamten Romans zu einem Ganzen schließen, beruhen aufgrund unterschiedlicher Liebesvorstellungen und individueller Eigenarten auf Mißverständnissen zwischen den Personen oder auf Übereinstimmungen, sie sind zum Teil imaginär, zum Teil real, sie sind entweder auf Klatsch, Gerüchten, Kommentar gegründet Gegenstand öffentlicher Spekulation oder sie bleiben auch unbemerkt.«[16]

Heinrich Mann hat diesen Gedanken noch weiter entwikkelt, und zwar im Drama »Madame Legros« (1913), das eine historisch verbürgte Episode aus der Französischen Revolution zum Gegenstand hat. Die Heldin, Frau eines Strumpfwirkers, erhascht zufällig den Zettel eines Gefangenen in der Bastille, der dort seit 43 Jahren unschuldig gefangengehalten wird. Von da an setzt sie alles dafür ein, den Gefangenen zu befreien. Sie erreicht ihr Ziel und gibt damit das Signal zur Revolution.

Es ist die Weiblichkeit der Revolution, die Heinrich Mann hier als Ideal gestaltet.[17] Während das Weibliche in seinem frühen Werk für die die bürgerliche Ordnung bedrohende Sexualität stand, wird sie jetzt moralisch aufgewertet, als Träger des Guten im Menschen propagiert. Über Madame Legros heißt es im Sinne der im »Zola«-Essay benannten Utopie des guten Volkes: »Es ist, als begegne man einem Geschöpf aus den ersten Zeiten, man sieht, wie die Menschen ursprünglich tugendhaft waren.«[18] Die Tugend und der Sieg der Menschlichkeit fordern freilich ihren Preis. Die Weiblichkeit der Revolution ist nur auf den ersten Blick die Tat einer tugendhaften Frau, die bar aller Sinnlichkeit ist. Wie nämlich, so muß sich Heinrich Mann fragen, läßt sich die Sexualität in sein Modell integrieren?

»Wer Ihnen zusieht, ist versucht zu glauben, daß Sie sich gut, allzu gut auf die Laster und die Chimären der Menschen verstehen«, so spricht ein Parteigänger des Adels zur Heldin. Ihre Antwort ist aufschlußreich: »Ich war noch nicht so, als meine große Aufgabe begann. Aber ich habe die Menschen seitdem ein wenig kennen gelernt. Man kann ihre Schlechtigkeiten nicht abschaffen, man kann sie nur liebkosen, bis es Tugenden werden. Das Gute in ihnen schämt sich, man muß sie zur Zügellosigkeit der Güte verführen.«[19]

Der Baron, als einer, der mit allen Wassern des Lastern gewaschen ist, erkennt sofort ihre Gefahr und nennt sie »eine Courtisane der Tugend«. Die zentrale Bewährung für die Heldin, die zudem die zentralen Themen Heinrich Manns, den Konnex von Sexualität und Politik in der Kunst, zusammenfaßt, stellt der Höhepunkt des Dramas dar, die Begegnung mit der Königin. Nur diese kann die Freiheit des Gefangenen verbürgen. Sie tut es auch, freilich um welchen Preis?

An der tugendhaften Madame Legros ist die Königin nicht interessiert. Sie hat sich auf das Treffen eingelassen, weil sie sich ein kitzliges Erlebnis, ein Aufbrechen der feudalen Langeweile verspricht. Und sie wird nicht enttäuscht. Die Courtisane der Tugend bemerkt gegen Ende der Unterredung, wie sie ein-

zig den Gefangenen befreien kann. »Ich habe ihn geliebt! Versprechen Sie mir seine Freiheit, und ich sage alles.« Nach dem Ja der Königin heißt es: »Er nahm mich wie eine Sterbende. Ich fühlte, daß er mager war wie der Tod. Ich roch Verwesung, da wir uns küßten, und das war süßer, als aller Blumenduft hier oben. Die Blumen lügen, hier oben ist nur Qual und Gemeinheit. Ich will wieder hinab zu ihm. Tot sein! Tot sein!«[20]

Hier wird die Kehrseite des Weges deutlich, den Heinrich Mann in politicis einschlägt. Er macht zwar die weibliche Sexualität zum Movens des Fortschritts, zum Träger seiner demokratischen Tugendideale. Er geht aber noch weiter als in »Die kleine Stadt«, wo vor allem die Männer die Handlung vorantreiben und die Konflikte alle auf einer mehr humorvollen Ebene verbleiben. Nun integriert er auch die dunklen Seiten, die sexuellen Obsessionen in sein Modell vom Fortschritt in der Geschichte, der eben seinen Preis hat! Allein aus der Ökonomie des Stückes heraus, aus der Zweck-Mittel-Relation, in die Madame Legros ihr Handeln stellt – eben alles zu tun, und sei es noch so verwerflich, um den Gefangenen zu retten –, erklärt sich die Intensität und Morbidität des obigen Bildes nicht. Es stellt vielmehr eine Schnittstelle dar, wo sich in der Verbindung von Eros und Tod die private und die große Geschichte bei Heinrich Mann überschneiden.

Er will diesen Bereich vor allem nicht dem Gegner überlassen, wie es bei Diederich Heßling im »Untertan« (1916) der Fall ist, dessen Sexualpraktiken als Ausdruck seiner Untertanenmentalität geschildert werden. Hier wird die Verbindung von Sexualität und Politik als Ausdruck einer verkehrten Menschlichkeit geschildert. Ein Aspekt, der in den Zeichnungen speziell in den beiden Hitler-Zyklen »Greuelmärchen« und »Hitlermaedel Hilda« immer wieder zu finden ist.

Das Urbild ist hier Diederich Heßling, der abends seine Frau Guste mit deutschen Reden unterhält, in denen er von der ernsten, festen und tragischen deutschen Seele spricht, damit seine Gattin freilich immer stärker langweilt und sie daher mit strafendem Blick an ihre deutsche Pflicht erinnern muß, als sie schließlich einzuschlafen droht. Die Pflicht der Frau, das sind die herausfordernden »Schlitzaugen«, die aber beim »Untertan« nicht den Auftakt zu einer sinnerfüllten Sexualität zwischen Mann und Frau bilden, sondern in die satirische Darstellung der sadistischen Sexualpraktiken münden.

»Da er sie unten zu umspannen versuchte, verscheuchte sie vollends ihre Müdigkeit, und plötzlich hatte er eine mächtige Ohrfeige – worauf er nichts erwiderte, sondern aufstand und sich schnaufend hinter einen Vorhang drückte. Und als er wieder in das Licht kam, zeigte es sich, daß seine Augen keineswegs blitzten, sondern voll Angst und dunklen Verlangens standen. [...] Dies schien Guste die letzten Bedenken zu nehmen. Sie erhob sich; indem sie in fesselloser Weise mit den Hüften schaukelte, begann sie ihrerseits heftig zu blitzen, und den wurstförmigen Finger gebieterisch gegen den Boden gestreckt, zischte sie: ›Auf die Knie, elender Schklafe!‹ Und Diederich tat, was sie heischte! In einer unerhörten und wahnwitzigen Umkehrung aller Gesetze durfte Guste ihm befehlen: ›Du sollst meine herrliche Gestalt anbeten!‹ – und dann auf den Rücken gelagert, ließ er sich von ihr in den Bauch treten. Freilich unterbrach sie sich inmitten dieser Tätigkeit und fragte plötzlich ohne ihr grausames Pathos und streng sachlich: ›Haste genug?‹«[21]

Das Blitzen ist die offizielle Geste des Untertanen. Nachts verkehren sich die Rollen, und nun ist es die Frau, die mit blitzenden Augen die Herrscherrolle übernimmt. Dagegen stehen die nächtlichen Blicke des Helden, die von Schwäche und Unterwerfung geprägt sind und in keinen sinnvollen Zusammenhang mit den offiziellen Tagesaktivitäten gebracht werden können. Die darin gezeigte männliche Schwäche stellt vielmehr eine Bedrohung dar, die als nicht zu bewältigender Rest das Leben des Untertanen in Frage stellt. Deshalb prüft er nach solchen nächtlichen Exzessen am nächsten Morgen auch besonders streng Gustes Wirtschaftsbuch, um die Hierarchie zwischen Mann und Frau wieder in das rechte Lot rücken zu können.

Diese Art der Sexualität findet sich oft wieder in den Zeichnungen. Fast immer ist die Frau hier die Stärkere, findet sich eine Umkehrung des üblichen Rollenverhaltens. Speziell vor dem Hintergrund des »Untertan«-Romans darf hier nicht vorschnell eine wie auch immer geartete sexuelle Abnormität Heinrich Manns vermutet werden, sondern hier finden wir ein besonders schlagendes Beispiel dafür, daß die Zeichnungen nur im Rahmen der gesamtkünstlerischen Persönlichkeit Heinrich Manns verstanden werden können. Ohne die literarische Grundierung wird ihr Sinn nicht erfahrbar, bleiben sie einer Banalität des Absonderlichen verhaftet. Es ist die Sexualität der Feinde, die Heinrich Mann hier schildert. Es ist die Männerwelt des »Untertan«, die in den Zeichnungen aufscheint und die eine existentiell begründete Kritik dieser Lebensform beinhaltet. Der männliche Panzer erweist sich als Fassade, weil er im zentralen Bereich des Zwischenmenschlichen, des Verhältnisses zwischen Mann und Frau, keinerlei Wirkung hat. Wo es darauf ankommt, ist der Mann immer der Schwächere, dies signalisiert das Werk Heinrich Manns an einigen Stellen und das tun auch seine späten Zeichnungen in einer sehr eindringlichen Art und Weise. Deutlich wird das vor allem in den Zeichnungen »Une rencontre dans la bonne société 1885«, »La rencontre chez la

masseuse« und »Le fiancé« aus dem Zyklus »Les rencontres« (Nr. 126, 135 und 139).

Auch daß die Frauen die Brutaleren sind, wie es etwa in dem Blatt »Frédégonde« (Nr. 48) dargestellt wird, muß in diesem Zusammenhang gesehen werden. Eindrucksvoll deutlich wird dies in einer Szene des 1925 erschienenen Romans »Der Kopf«.

»Die Blutspur«, so sollte ursprünglich der Untertitel für diesen Roman lauten. Gemeint ist damit der atavistische Urtrieb der Menschheit. Mord erscheint in »Der Kopf« als ein elementarer Uraffekt, der jederzeit hervorbrechen kann. In den Worten des Helden Terra: »Sie töten sich. Das ist bei uns Menschen der Anfang, die ersten Beziehungen, die Spur.«[22] Zentral ist hier die Tatsache, daß der Mord nicht aus dem Spektrum des menschlichen Sozialverhaltens ausgesperrt, sondern als die extremste Form einer menschlichen Beziehung angesehen wird. Auch das kommt in den Zeichnungen etwa im Zyklus »Les dîneurs« im Blatt »Le dîner des assassins« (Nr. 186) zum Ausdruck. Gerade die Verbindung von Mord und Sexualität liegt in diesem Gedanken begründet. Die Zeichnungen machen deutlich, daß Heinrich Mann beileibe nicht nur der Träumer einer idealistischen Menschheitszukunft war, als der er gerade aus der Perspektive des Bruders Thomas immer wieder angesehen wird. Heinrich Mann hat »Der Kopf« einmal als sein traurigstes Buch bezeichnet, und das stimmt, wenn man sich anschaut, wie illusionslos sein Blick auf die Menschen hier geworden ist. Nach der utopischen Hoffnung auf eine neue, befreite Menschheit, die seine Essayistik nach 1910 ausgezeichnet hatte und die in den Monaten der Deutschen Revolution von 1918/19 einen kurzen geschichtlichen Augenblick auf Verwirklichung hoffen konnte, vollzieht er im Roman die schonungslose Bilanz der Träume und ihrer Verwirklichung in der ersten Hälfte der Weimarer Republik. Heinrich Mann kennt dabei keine Tabus. Er, der seine Hoffnungen bisher vorwiegend auf das Gute im Menschen gegründet hatte, gestaltet jetzt die dunklen und blutrünstigen Seiten in aller Ausführlichkeit. Auch der Zusammenhang von Liebe und Tod scheint schon direkt zu Beginn auf. Zusammen mit der Gräfin, der Frau, die er liebt, ist Terra auf einem nächtlichen Rummelplatz. Vor ihren Augen bringen sich dabei zwei Menschen nach brutalem Kampf, der in allen Einzelheiten geschildert wird, um.

»Die Ringer lagen und zuckten nur noch in ihrem Blut. Terra umkreiste sie entsetzt. Der Stärkere war auf den Schwächeren gefallen, er hatte ihm mit der Eisenstange den Schädel zerschlagen. Aber wie er zuschlug, traf ihn selbst das Messer.«[23]

Der Darwinsche Lebenskampf wird hier zum Grundmuster genommen, aber in der Metapher des Kampfes zugleich ad absurdum geführt. Der Stärkere besiegt zwar den Schwächeren, aber der Sieg ist nutzlos, weil er den eigenen Tod nach sich zieht. Der Zusammenhang von Lust und Tod wird deutlich, wenn man sich die Reaktionen von Terra und seiner Geliebten anschaut.

»Von droben klang heller Jubel. Dort stand die Gräfin und winkte. Jung, hochgemut, unangreifbar und ohne zu begreifen, sah sie herab auf das Sterben.

Hochatmend vom Rausch der Abfahrt war sie da und fragte: ›Ist es alle Nächte so? Soll dies sein?‹

Und Terra resümiert:

›Uns vor den Füßen haben zwei Menschen sich ins Jenseits befördert‹, dachte Terra. ›Wir haben dasselbe Blut auf den Schuhen, edelste Gräfin [...].‹ Er folgte ihr im Geist mit einer Art grausigen Frohlockens. ›Die wird an mich denken.‹«[24]

Der Tod und die Liebe werden hier ganz direkt zusammengeführt, die Tatsache, daß sich zwei Menschen vor den Liebenden zu Tode gebracht haben, wird von Terra als ein Unterpfand seiner Beziehung zur Gräfin gewertet. Das Blut auf den Schuhen besiegelt gleichsam ihre Liebe. Die Szene ist von einer grausam-phantastischen Realistik und einem hohen Erzähltempo geprägt. Das Bild der Rutschbahn, auf der Terra und die Gräfin hinabsausen und erst zu Füßen der Leichen stoppen können, drückt dies extrem verdichtet aus. Es ist die Kunst der Übersteigerung, die hier das zentrale ästhetische Muster abgibt. Man kann diese Linie im Werk Heinrich Manns bis ins Spätwerk hinein verfolgen. »Der Atem«, der 1946/47 geschriebene letzte Roman, kennt ebenfalls eine Blutspur.

Am Anfang steht auch hier das sexuelle Begehren, die große Liebe zwischen der Dame Kobalt, der Heldin des Werkes, und dem Bankdirektor Frédéric Conrad. Und wieder weisen die Worte auf die existentielle Bedeutung des Verhältnisses zwischen Mann und Frau hin.

»Die zauberische Stimme wurde verfänglich, Hingabe, die sich eingesteht, Vergehen und Ersterben. Er erhob sich, faßte zu, um sie aufzuheben. Sie entführen, verschwinden mit ihr.«[25] Dann folgt die Entdeckung, die mit einem Schlage alles verändert. Im Roman heißt es: »Da bemerkte er auf dem weißen Stein des Waschtisches das hingetropfte Blut. Er steht und zählt die Tropfen, er ist geschlagen, vergeblich sind Beschluß und Anlauf, er kommt in ihrem Leben zu spät.«[26] Daß auch in diesem letzten Werk Tod und Sexus nah beieinander gedacht werden, ganz analog zum Drama »Madame Legros«, zeigt eine Äußerung einige Seiten zuvor, die auf den Tod der Heldin vorverweist und dann resümierend bemerkt: »Die Verführerin wäre lebendig geblieben in der Sterbenden.«[27]

Die Brücke zum Spätwerk schlägt dann der große Roman des französischen Exils, der »Henri Quatre«. 1935 erschien der erste Teil, »Die Jugend des Königs Henri Quatre«, 1938 der zweite Teil unter dem Titel »Die Vollendung des Königs Henri Quatre«. Hier wird dann beides zusammengebracht: die Gewalt und die Güte, Sexualität und Humanität, die Taten des Königs und der Wille des Volkes. Ausdrücklich bringt Heinrich Mann das Sexuelle und das Politische in der Synthesefigur des großen Königs in einen unauflösbaren Bezug. »Seine unermüdliche Liebe zu den Frauen, wovon gemeinhin mehr die Rede ist als von der Liebe zum Volk, hat dieselbe Wurzel. Die ungewöhnliche Stärke seiner väterlichen Triebe zeigt an, wie sehr sein Herz für die Menschen schlug. Er besaß mit ihnen die triebhafte Verbindung, die allein den großen Plänen der Vernunft die Aussichten eröffnet und einer Persönlichkeit erst Dauer verspricht.«[28]

2. Zum Verhältnis von Zeichenkunst und Literatur bei Heinrich Mann

War Heinrich Mann eine künstlerische Doppelbegabung? Diese Frage stellt sich nicht nur angesichts der knapp vierhundert Zeichnungen, die neu entdeckt worden sind. Denn man kann mit Sicherheit davon ausgehen, daß dies nicht der gesamte Bestand ist. So sind schon 1975 Zeichnungen aus dem Nachlaßbestand der Akademie der Künste veröffentlicht worden, die sich auf die Jugendzeit in Lübeck beziehen, aber fraglos auch in den vierziger Jahren in den USA gezeichnet worden sind.[29] Duktus und Stil lassen sich unschwer mit den jetzt aufgefundenen Zeichnungen in Übereinstimmung bringen. Im Nachlaß im Archiv der Akademie der Künste befinden sich einige weitere Zeichnungen und kleine Malereien Heinrich Manns, die freilich von keiner besonderen Qualität sind.[30] Bekannt sind außerdem die Zeichnungen, die im Umfeld des Romans »Die kleine Stadt« entstanden sind. Hier handelt es sich jedoch eindeutig um vorbereitende Skizzen, die als reine Unterstützung des Schreibvorgangs angesehen werden müssen.

Überblickt man dieses Korpus von Zeichnungen und Malereien, dann kann das ehrliche Resümee nur lauten: Nein! Heinrich Mann war keine künstlerische Doppelbegabung! Dazu war sein handwerkliches Können zu gering. Speziell bei der Darstellung der räumlichen Tiefe auf den Zeichnungen, die doch größtenteils sehr dilettantisch vorgenommen worden ist, wird dies auch dem wohlwollendsten Betrachter deutlich.

Diese Auffassung wird dadurch gestützt, daß man eine intensive Auseinandersetzung mit den kunsttheoretischen Positionen seiner Zeit bei Heinrich Mann vergeblich sucht. Auch im Briefwechsel mit dem Jugendfreund Ewers, der die intensivsten Äußerungen über die Grundzüge seiner frühen Ästhetik enthält, sind Bemerkungen zur bildenden Kunst eher selten. Sie bewegen sich zudem trotz einer jugendlich-frechen Sprache im eher konventionellen Bereich. So schreibt er am 24. Oktober 1889: »Mein Vorbild ist nicht der französische Photograph, der das in seinen Rahmen, den er ›Wahrheit‹ nennt, mit plumper Gewissenhaftigkeit gespannte Stück Natur ›porträtiert‹, gleichgültig ob es ein Engelskopf...nein, den gibt es ja gar nicht, der ist ja nicht natürlich...also ein Kohlkopf – oder ein knackender Altweiberarsch ist...mein Ideal ist der deutsche Künstler, dessen Schöpfungen schön bleiben, auch wo das Sujet ein unschönes ist.«[31]

Daß Heinrich Mann von Jugend an gezeichnet und gemalt hat, wird in den Briefen allerdings deutlich, wobei er sich über den Rang dieser Gelegenheitselaborate freilich von Beginn an keine Illusionen gemacht hat. »Wie es mit meiner Malerei steht, fragst Du?« schreibt er am 27. April 1890 aus Dresden, um dann fortzufahren: »Ex, mein Junge, complet ex - wie mit dem ›Idealismus‹. Zuweilen versündige ich mich, am Kassapulte stehend, an der hehren Kunst durch ein immer schmieriger werdendes Geschmier in der Art dessen, das ich Dir beifüge; Du siehst, ich erspare Dir auch das Fürchterlichste nicht. Mich zu Hause ernstlich mit Zeichnen und Malen zu beschäftigen, mangelt mir die Zeit. Will ich in der Literatur hinter der Zeit nicht zurückbleiben, so brauche ich meine ganze Muße für sie – um so mehr, als ich auch aus der älteren Literatur noch sehr, sehr viel Wichtiges nachzuholen habe.«[32]

Hier wird ein grundsätzlicher Aspekt angesprochen, der weit über die literarischen und bildkünstlerischen Bemühungen des jungen Heinrich Mann hinausreicht. Gestellt wird die Frage nach der Möglichkeit einer Doppelbegabung: Ist es möglich, auf zwei Kunstfeldern eine intensive Kenntnis aufzubauen, die nicht zuletzt auf der Traditionskenntnis der jeweiligen künstlerischen Gattung gründet? Heinrich Mann hat diese Frage mit einem eindeutigen *Nein* beantwortet und gleichzeitig den Schwerpunkt ebenso eindeutig auf die Literatur gelegt, der er seine ganze Kraft dann auch widmen will.

Daß dies durchaus ernst gemeint und nicht von momentaner Koketterie bestimmt war, zeigt sich, als es darum geht, für die Romantrilogie »Die Göttinnen« Ende 1902 einen Umschlagzeichner zu finden. Trotz immensen Zeitdrucks – mehrmals ist in den Briefen davon die Rede – überlegt Heinrich Mann nicht einen Moment, die Zeichnung persönlich anzufertigen, wie dies etwa Günter Grass bei seinen Romanen regelmäßig getan hat.

Bleibt die Frage: Worin liegt der künstlerische Wert der Zeichnungen? In einem ersten Schritt gilt es festzustellen: Ihr Wert definiert sich vor allem über die Literatur, auf die sie sich beziehen lassen. Die vorliegenden Zeichnungen erweitern unser Bild von Heinrich Mann um eine bisher unbekannte Dimension. Speziell was die Jahre in den USA angeht, als das Spätwerk entstand, wird der Blick auf den Künstler Heinrich Mann von nun an immer auch das zeichnerische Werk zu berücksichtigen haben. Romane wie »Empfang bei der Welt«, »Der Atem« und »Lidice«, das unvollendete »Friedrich«-Fragment, aber auch der große Lebensrückblick »Ein Zeitalter wird besichtigt« werden durch die aufgefundenen Zeichnungen um zusätzliche Facetten bereichert. Denn das gilt es festzuhalten: Das Spätwerk Heinrich Manns ist von ihm ab 1940 konsequent zeichnerisch begleitet worden. Und hier liegt auch der entscheidende Werkrang der Zeichnungen begründet. Sie bilden gleichsam einen künstlerischen Vorhof der literarischen Werke. Themen und Motive des Spätwerkes werden zeichnerisch vorgeprägt oder parallel ausgebildet. Zeichnen und Schreiben bilden in den Jahren des amerikanischen Exils eine Einheit.

Dabei gilt es die spezielle Lebenssituation Heinrich Manns zu berücksichtigen – seine Einsamkeit und Isolation, die fehlende Publikumsresonanz und die problematische finanzielle Lage. Der Verlust der Heimat geht dabei einher mit einem Verlust an Wirklichkeit. Darauf reagiert er auch als Zeichner. Die Welt um 1900 dominiert in einigen Zyklen, und speziell die Kleidung der abkonterfeiten Personen stammt aus dieser Vergangenheit. Dies wird insbesondere im Zyklus »Les rencontres« in den Blättern »La rencontre funebre« (Nr. 123) und »Bonjour chéri« (129) sowie im unbetitelten Zyklus 19 deutlich, dessen erstes Blatt die Jahreszahl »1860« trägt (Nr. 296-316). Es ist von daher kein Zufall, wenn Heinrich Mann 1942 an den Bruder schreibt, daß er ganz plötzlich begonnen habe, »Buddenbrooks« zu lesen.[33] Beinahe noch wichtiger ist aber die Rolle, die den Zeichnungen bei der Konstituierung von Realität im literarischen Spätwerk zukommt. Der einsame Heinrich Mann schafft sich zeichnend eine Welt, die zentrale Motive seines Lebenswerkes aufnimmt und damit für die literarische Verarbeitung vor sein Auge stellt. Man hat sich das sicher so vorzustellen, daß in den vierziger Jahren Zeichnen und Schreiben miteinander verschränkt waren. Gut möglich, daß Heinrich Mann gezeichnet hat, wenn er eine Schreibpause einlegte, und daß das Zeichnen neue Impulse für die Arbeit am literarischen Werk gegeben hat.

Dabei scheint mir ein Muster vorzuliegen, daß Frithjof Trapp am Beispiel des Romans »Der Atem« als ein zentrales ästhetisches Prinzip des Spätwerks entwickelt hat. Er spricht davon, daß in diesem Roman eine ganz spezifische Form der Verbindung von »bildlicher und erzählerischer Darstellung«[34] vorliege, und exemplifiziert dies an den Anfangssätzen des »Atem«, die folgendermaßen lauten:

»Die Frau fiel auf, aber sie bemerkte es nicht. Von weitem wirkte ihr Anzug prunkhaft, wenn auch altertümlich. Kenner bemerkten: die Mode von 1910. Eine Welt liegt zwischen ihr und der Tracht von 1939. Kam die Passantin näher, erwies das seidene Schleppkleid sich als ermüdet, die Spitzen des Umhangs als sorgfältig zusammengenäht. Nur die Schuhe waren neu, sogar kostbar. Die Strümpfe hatten, sooft die Person genötigt war den Rock aufzuheben, eine Masche verloren. Dies war die Erscheinung am frühen Morgen, als wenige sie sahen.«[35]

Trapp weist nun überzeugend nach, daß sich Heinrich Mann seiner Figur wie ein Kunsthistoriker annähert, der ein Gemälde betrachtet. Er rückt die Figur gleichsam von sich weg, um sie mit einer an Flaubert erinnernden ästhetischen Objektivität betrachten zu können. Trapp resümiert: »Diese Form erzählerischer Annäherung unterscheidet sich deutlich von der Vorgehensweise, die wir üblicherweise im Alltag anwenden und auf die in der Regel auch die Schriftsteller zurückgreifen. Einen erzähllogischen Sinn hat dieses Verfahren nur, wenn hier, wie vorhin erläutert, eine Gestalt in ›Form eines Zitats‹ eingeführt wird. Diese Distanz ermöglicht es dem Autor dann, mit seiner Hauptgestalt so artifiziell zu verfahren wie mit einer unbekannten, aus dem Bild eines fremden Malers übernommenen Person.«[36]

Die aufgefundenen Zeichnungen machen es nun möglich, über Trapp hinauszugehen. Es sind nicht nur die aus den Bildern der fremden Maler übernommenen Personen, die Heinrich Manns Altersstil begründet haben, sondern es sind die eigenen Zeichnungen, die sich damit als konstitutiv für den Sprachkünstler Heinrich Mann im amerikanischen Exil erweisen. Das späte Schreiben Heinrich Manns läßt sich vollständig nur aus seinem Zeichnen ableiten.

Dies erklärt auch den Grundgestus der Blätter, der sehr stark an Bühnenmalerei erinnert. Fast immer sind Szenen mit zwei oder mehr Personen dargestellt. Die Blätter haben alle eine erzählerische Grundhaltung, indem sie dem Betrachter einen wie auch immer gearteten Handlungsablauf vorstellen. Das kommt auch im Reihencharakter zum Ausdruck und in der Tatsache, daß Heinrich Mann die meisten Zeichnungen mit Namen versehen und in einen klar strukturierten Handlungszusammenhang gebracht hat. Die Zeichnungen stehen nie alleine, sondern immer in einem erzählerischen Zusammenhang. Die Zyklen wollen einen Handlungsablauf darstellen. Wie bei der Bühnenmalerei gilt aber auch hier: Dargestellt werden die wichtigen Zusammenhänge, die Strukturen eines Bildes oder einer Szene. Die künstlerische Ausführung, die Darstellung der Einzelheiten und die Entfaltung der ästhetischen Nuancen – alles das bleibt der Literatur vorbehalten, findet sich in den Zeichnungen nicht.

Und noch etwas ist erwähnenswert: Die Zeichnungen stellen keine direkten Illustrationen von Romanszenen dar. Fast will es scheinen, als spitze Heinrich Mann auf der bildkünstlerischen Ebene die Szenarien zu. So gibt es einige Mordszenen, auf denen sich nackte Männer und Frauen befinden. In der Literatur geht Heinrich Mann im Spätwerk niemals so weit – zumindest was die konkrete Ausgestaltung der Romanszenen angeht.

Zwei Beispiele aus dem Roman »Empfang bei der Welt« seien angeführt.

Am Beginn des Romans findet eine wilde Autofahrt statt, bei der die Heldin Melusine am Ende die Kontrolle über das rasende Gefährt verliert und kurz vor dem Absturz in den Abgrund gegen einen Baum schleudert. Die beiden Insassen verlassen das Auto unverletzt. Im Zyklus »Les Crapules« zeigt das 11. Blatt mit dem Titel »Good Humor« (Nr. 21) eine Autofahrt. Auch hier sitzt eine Frau am Steuer, auch hier rast das Auto mit hohem Tempo. Allerdings treibt die Zeichnung die Ironie der Szene auf die Spitze. Menschen springen zur Seite, für zwei kommt der rettende Sprung freilich zu spät – sie werden überfahren. Was Zeichnung und Roman auszeichnet, kommt im Titel »Good Humor« zum Ausdruck: Die Autofahrt mit dem jeweils schlimmen Ende wird in einem sehr humorvollen Gestus gestaltet, es besteht eine Diskrepanz zwischen dem ernsten Gegenstand und der Leichtigkeit der Gestaltung. Der Tod im Bild hat aber in der Literatur keine Entsprechung. Das Bild spitzt zu, ist radikaler als die Literatur.

Genau dies findet sich auch in einer anderen Szene, in der sich der Bankier Nolus und der Hochstapler Poulailler einen Kampf um die hübsche Nina liefern, bei dem zwar Blut fließt – Waschgeschirr, Krug und Becken werden auf den Köpfen zerschmettert und auch ein Rasiermesser gezückt –, aber am Ende löst sich die Spannung, weil das Rasiermesser »seine ehemalige Anschaulichkeit« verloren hat.[37] Das ist eine auf den ersten Blick seltsam anmutende Formulierung, die auf den zeichenhaften Charakter der im Roman geschilderten Dingwelt hinweist. So kommt der Mord dann auch nicht in der geschilderten Handlung, sondern in der Phantasie der heimlichen Zuhörer vor. »André und Stephanie hatten weit über ihren Bedarf gehört. Die historische Tür war undicht. In der zweiten Etage ermordete man einander.«[38]

Der Roman kennt eine zusätzliche Ebene, die Brechung des geschilderten Geschehens in einer konkreten Figurenwahrnehmung. Die Wirklichkeit bekommt auf diese Weise etwas Gebrochenes, sie verliert ihre Eindeutigkeit. Was wirklich ist, das verschwimmt in den späten Werken Heinrich Manns oft in einer die Grenzen auflösenden Wahrnehmungsvielfalt.

Hier haben die Zeichnungen als eine Dimension, als vorbereitende Wirklichkeitsschilderung ihren Ort. Und nicht zufällig spielt das Zeichnen, das Bildhafte in den beiden großen Spätwerken eine wichtige Rolle in der Romanästhetik.

André etwa, der jugendliche Held in »Empfang bei der Welt«, ist von Beruf Zeichner in einer Konservenfabrik in Kalifornien. Und er zeichnet auch die zentrale Romanfigur, seinen Großvater Balthasar. »André konnte sich unmöglich noch länger enthalten. Unter dem Schutz des geschweiften Möbelstückes notierte er insgeheim einige Striche in sein Skizzenbuch. Sein Großvater bemerkte, ohne hinzublicken, daß er porträtiert wurde.«[39]

Zweierlei ist hier bemerkenswert. Zum einen das geradezu Zwanghafte und Geheime des Zeichnens. Und zum anderen weiß die Romanfigur »ohne hinzublicken«, daß sie gezeichnet wird. Es steht zu vermuten, daß wir es hier mit einem autobiographischen Signal zu tun haben. In vielen Zeichnungen ist eine geheime Beobachterperspektive vorhanden – ein Mann im Schrank, der Blick in den Spiegel, eine halboffene Tür im Bildhintergrund, hinter der sich ein Liebespaar befindet –, die auf eine Zeichensituation rückschließen läßt, wie Heinrich Mann sie beschreibt (vgl. etwa Nr. 137 und 175). So heißt es einige Seiten später in »Empfang bei der Welt«: »André sah den Augenblick nahe, wo er es wagen konnte, das Bild des verwandelten Balthasar auf ein Blatt zu entwerfen. Heimlich tastete er unter sein Gewand; der Schwierigkeiten, die es ihm entgegensetzte, ungeachtet, zog er schließlich das Nötigste hervor. Zuerst versuchte er es mit seinen Knien. Das Skizzenbuch auf den Tisch zu legen war bequemer. Er stellte einen Haufen des abgegessenen Geschirrs davor hin. Wer es wegschob, war Balthasar. Er wollte zusehen, wie sein witziges Porträt entstand.«[40]

Die geheime Zeichenperspektive wird im Roman von den Figuren durchbrochen, die durch ihre Kenntnis sich als gezeichnete Figuren erweisen. Es erweckt fast den Anschein, als habe Heinrich Mann hier eine Spur aus dem Werk heraus zu seinen zeichnerischen Parallelaktionen legen wollen.

Auf eine etwas andere Weise wird im letzten Roman »Der Atem« der Bezug von Literatur und bildender Kunst thematisiert. Denn hier spielt ein Porträt eine zentrale Rolle im Handlungsgeschehen. Frederic Conrads Beziehung zu seiner Frau Estelle ist vor allem über ein Bild vermittelt:

»›Recht so‹, sagte er. ›Überlassen Sie mich meiner stummen Auseinandersetzung mit dem Bild – seine Reinheit hat trotz allem Ihr Herz gerührt, ich weiß es.‹ Worauf sie nochmals den schmalen silbernen Rahmen nahm. Sonderbar fand sie, daß der Mann anstatt der wirklichen Frau ihr Bildnis kannte: die Frau, wie sie gesehen sein wollte. Ob nicht vielmehr dies ihre tiefere Natur war?«[41] Das Motiv des Bildes wird nachfolgend mehrmals wieder aufgenommen.

So heißt es während des Gespräches zwischen Frédéric Conrad und Kobalt: »Hiernach schien er unfähig, zu ihr zu sprechen. Gegen das Portrait, und seine Lippe zuckte: ›Das Bild sagte mir doch sonst, wer sie ist.‹ – ›Das erste Mal, daß es schweigt‹, vollendete sie.«[42] Und etwas später: »Unbeherrscht neigte er sich gegen das Bildnis vor, er durchsuchte eindringlich, soviel das Licht wiedergegeben hatte von seiner Frau, ihre Unschuld, die sich, auf einmal schwach und willfährig, vor seinen Augen veränderte. Er selbst half nach, schonungslos und stumm: ›Nimm deine wirklichen Züge an! Du hast keine? Wir werden viel leiden müssen.‹«[43]

Der Autor als Zeichner und der Zeichner als Autor. Beide Perspektiven sind möglich. Und Heinrich Mann hat beide Rollen eingenommen. Dies ist eines der Ergebnisse der neu aufgefundenen Zeichnungen. Wenn im Spätwerk das Bild zum Medium der Handlung wird, dann muß von nun an Heinrich Manns Rolle als Zeichner mitgedacht werden. So kann das Bildmotiv zum Romanmotiv werden, etwa wenn es in »Der Atem« heißt: »Frédéric mit Estelle bekommen die Gelegenheit, aus dem widerwärtigen Bild zu verschwinden.«[44]

3. Beschreibung der Zyklen

Wenn man die Zyklen beschreibt, darf man die »dicken nackten Weiber« nicht ausblenden. Sie gehören zur Sache. Freilich in einem genau eingegrenzten Sinn. Es wäre unredlich, wenn man die vielen erotischen, ja drastisch sexuellen Zeichnungen verschweigen wollte, es wäre aber unergiebig, wenn man zuviel Aufhebens darum machen würde. In Zyklen wie »Une journée avec les personnes du sexe« und »Les vicieux« kommt die sexuelle Disposition Heinrich Manns im Alter gänzlich ungefiltert zum Ausdruck. Es sind vor allem Zeichnungen, die einen nicht gestaltbaren Rest artikulieren. Hier gibt es keine Bezüge zum Werk, sondern es handelt sich um die sexuellen Phantasien eines alten und einsamen Mannes, dessen Frau sich zudem das Leben genommen hat. Liest man den entsprechenden

Abschnitt im Beitrag von Marje Schuetze-Coburn, dann versteht man die eminente Bedeutung dieser Frau für Heinrich Mann, auch und gerade im zwischenmenschlichen Bereich. Die erotischen Zeichnungen sind daher sicher auch Indiz für den Verlust an wirklicher Sexualität, sie rufen Träume und Erinnerungen wach, die sich nicht in den Bahnen der bürgerlich-romantischen Erinnerungskultur bewegen. Darin freilich hat sich Heinrich Mann zu allen Zeiten nicht bewegt, und von daher nimmt es nicht wunder, daß er es hier, gegen Ende seines Lebens, auch nicht tut.

Eine Ausnahme macht das Blatt mit dem Titel »Coucou« (Nr. 133) aus dem Zyklus »Les rencontres«, das durch die Zartheit und Genauigkeit des Striches gegenüber allen anderen Zeichnungen des Zyklus absticht. Zudem kommt in der Szene – ein alter Mann küßt Coucou auf die Schulter – eine große Zärtlichkeit zum Ausdruck, die so gar nicht zur teilweise rüden Sexualität der anderen Zeichnungen paßt. Das Rätsel löst sich, wenn man die Gesichtszüge der gezeichneten Frauenfigur mit den vorhandenen Fotos von Heinrich Manns zweiter Ehefrau Nelly vergleicht. Die Übereinstimmung springt sofort ins Auge, und der beinahe innige Charakter der Zeichnung findet dann seine Erklärung. Im Beitrag von Marje Schuetze-Coburn wird deutlich, wie intensiv die Beziehung zwischen den Eheleuten trotz aller Widrigkeiten war und wie groß der Schmerz Heinrich Manns nach dem Tod der geliebten Frau. Von beidem – vom großen Gefühl und von der großen Trauer – findet sich etwas in dem Blatt »Coucou«.

Kommen wir zu den Zyklen mit literarischem Bezug, die zweifellos die eigentliche Sensation der Heinrich-Mann-Zeichnungen jenseits aller oberflächlichen Effekthascherei darstellen. Nachdrücklich möchte ich Petra Schotte danken, die im Rahmen ihrer vorbereitenden Arbeiten für die Ausstellung der Zeichnungen im Buddenbrookhaus mit großer Findigkeit an der Einordnung der Zyklen in das Werk Heinrich Manns mitgearbeitet hat.

Vorgestellt werden die wichtigsten Zyklen. Die in Klammern angegebenen Nummern beziehen sich auf die Zählung im Anhang.

Crocheteur borgne (Voltaire-Zyklus)

Die intensive Beschäftigung Heinrich Manns mit dem Werk und den damit verbundenen Ideen Voltaires muß sicherlich nicht betont werden. Dafür sprechen schon die Essays »Geist und Tat« (1910) und natürlich »Voltaire – Goethe« (1910). Beide Texte sind ganz eng mit der Politisierung Heinrich Manns verbunden und stehen am Beginn seiner wirkungsmächtigsten Episode, als er vor, während und unmittelbar nach dem ersten Weltkrieg für die Generation der expressionistischen Autoren eine geistige Vorreiterrolle einnahm.[45]

Aber Heinrich Mann hat sich auch später immer wieder mit Voltaire beschäftigt. Speziell für die vierziger Jahren finden sich ganz konkrete Belege für eine erneute Auseinandersetzung.

Heinrich Mann schrieb am 3. Februar 1941 an seinen Bruder, daß er die »orientalischen und sinnvollen Romane« Voltaires wiederlese.[46] Des weiteren existiert ein Brief vom 25. Februar 1941, den Heinrich Mann an Golo Mann schrieb.[47] In diesem Brief beleuchtet Heinrich Mann in einigen Notizen Voltaire und seinen Kritiker, den französischen Philosophen de Maistre. Er bittet den Neffen darüber hinaus, ihm sobald als möglich alle Bände der *Pleïade* zu besorgen, und möchte die als Leihgabe von Golo Mann erhaltenen Romane und Erzählungen von Voltaire noch länger behalten.

Schließlich findet sich ein Zitat aus »Essai sur les moeurs« zu »luxure«: »La mollesse est délicieuse, mais les suite en sont terribles.« Heinrich Mann nutzt dieses Zitat als Untertitel des Zyklus »Scenes de la vie de famille«.

Es ist also davon auszugehen, daß sich Heinrich Mann Anfang 1941 erneut mit den Werken Voltaires auseinandersetzte. In diesem Zusammenhang muß der Zyklus »Crocheteur borgne«, benannt nach einer Erzählung von Voltaire, betrachtet werden. Das erste Blatt zeigt Voltaire, der der Gräfin von Maine seine Geschichte des »Einäugigen Lastträgers« erzählt. Die einzelnen Zeichnungen sind jeweils konkreten Textpassagen der Erzählung zugeordnet. Diese Textstellen werden auch, einer Einleitung gleich, vor jedem Blatt zitiert. Es handelt sich dabei um direkte Zitate aus dem französischen Originaltext.[48]

Die Erzählung »Der einäugige Lastträger« von Voltaire handelt von einem Einäugigen, Mesrour, der zugleich Lastträger und Philosoph ist. Er hat zwar nur ein Auge, aber ihm fehlt gerade *das* Auge, das die bösen Dinge des Lebens sieht. So ist er glücklich, lebt in der Gegenwart und macht sich keine Gedanken um die Zukunft. Als er die Prinzessin Mélinade in einer Kutsche vorbeifahren sieht, verliebt er sich in sie und geht ihr nach. Er kann sie vor dem drohenden Tod retten, aber auch Mélinade muß ihren Weg nun zu Fuß zurücklegen. Als sie unglücklich fällt, raubt es Mesrour die Sinne. Er fällt über sie her und sie verbringen die Nacht zusammen. Nach einem Gebet erscheint er Mélinade am nächsten Morgen als schöner Jüngling, mit dem sie in einem Palast – er ist als Herr des Ringes hineingelassen worden – ein prächtiges Fest feiert. Aber alles war nur ein Traum – Mesrour wird von einer Eimerladung

Wasser auf den Straßen Bagdads geweckt. Er verzweifelt aber nicht, denn er hat ja das Auge, das die schlechten Dinge sieht, nicht. Er macht sich auf die Suche nach Mélinade ...

Warum wählt Heinrich Mann ausgerechnet diese Erzählung aus dem Werk Voltaires aus, um sie in Bilder umzusetzen? Eventuell plante er einen neuen Roman, der auf den Ideen Voltaires beruhen sollte. Dagegen spricht allerdings, daß er die orientalische Geschichte wörtlich zitiert und direkt verbildlicht. Hier sind zumindest keine sichtbaren neuen Ansätze für ein eigenes Werk zu erkennen.

Näher liegt eine andere Vermutung, die auch durch einen Brief an den Freund Félix Bertaux vom April 1945 erhärtet wird, den Marje Schuetze-Coburn in ihrem Beitrag zitiert. Darin heißt es unter anderem: »Es stimmt, daß ich diesen Ort nur verlasse um ein Grab zu besuchen. Letztes Jahr habe ich ausschließlich Voltaire gelesen.«[49]

Hier wird die Voltaire-Lektüre ausdrücklich mit seiner großen Einsamkeit nach dem Tod Nellys – der Besuch ihres Grabes ist der einzige Anlaß, Los Angeles überhaupt einmal zu verlassen – zusammengebracht. Dabei ist es nicht mehr der politische Voltaire der frühen Jahre, dem Heinrich Mann die großen Gesten ablauscht. Es ist nicht mehr die pathetische Rede vom Fortschritt des Menschengeschlechtes, für die er als ein Vertreter der französischen Aufklärung in den Jahren um 1910 das Vorbild abgab, sondern es findet eine Zurücknahme auf die kleinen und privaten Geschichten statt, in denen Heinrich Mann seine ganz persönliche und intime Situation spiegelt.

Der einäugige Lastträger ist eine einsame, aber nicht unglückliche Person. Er lebt bewußt und für den jeweiligen Tag, ohne Gedanken an die Zukunft zu verschwenden. Dabei hilft ihm sein eines Auge, das die guten Dinge des Lebens sehen kann. Das war eine Vorstellung, die Heinrich Mann durchaus nahelag. Gut möglich daher, daß er in der Lebenseinstellung der fiktiven Figur Mesrour ein Wunschbild für die einsamen Tage in Los Angeles gestaltet sah. Und auch die Sexualität der späten Zeichnungen fand er bei Voltaire wieder.

Die beschriebene »Liebesszene« (Nr. 6) paßt auf der einen Seite zu einem Großteil der anderen Zeichnungen; denn der Mesrour fällt ohne nachzudenken, nur von seinen Trieben bestimmt, brutal über Mélinade her. Diese ist zwar auch nicht ganz bei Sinnen – ob durch ihren Sturz oder Mesrours Liebeskünste, bleibt offen –, scheint das zügellose Spiel aber zu genießen. Es steht demnach das Lustvolle und Körperbetonte im Mittelpunkt, das beiden gefällt.

Auf der anderen Seite übernimmt gerade in diesem Zyklus der Mann die agierende Rolle. Das ist ein seltener Fall. Denn in den übrigen Zeichnungen Heinrich Manns sind es größtenteils die Frauen, die den dominierenden Part übernehmen, und die Männer befinden sich oft in einer körperlichen und damit auch seelischen Abhängigkeit.

Bezeichnend für Heinrich Manns zeichnerische Umsetzung der Geschichte ist auch das vorletzte Blatt des Zyklus (Nr. 9). Im Text von Voltaire heißt es dazu: »[...] jeder von ihnen wird von tausend Sklaven *von erlesener Schönheit* bedient.« Heinrich Mann zeichnet diese Sklaven nicht als schöne Menschen, womöglich in erlesener Kleidung, sondern nackt.

»Fédéric«

In den letzten Lebensjahren arbeitete Heinrich Mann an einem Drama zu Friedrich dem Großen. Zur Entstehungsgeschichte hat Marei Konow[50] für das Frühjahr 1942 eine erste intensive Arbeitsphase nachgewiesen. Nach der Arbeit am »Lidice«-Roman läßt sich eine zweite Arbeitsphase von September 1942 bis zum Jahresbeginn 1943 konstatieren. Dann drängte sich die Arbeit am autobiographischen Großessay »Ein Zeitalter wird besichtigt« vor den Friedrich-Stoff. Aber der Stoff blieb Heinrich Mann weiter präsent, wenn er auch nicht mehr dazu kam, das Drama zu vollenden. So schreibt er an Maximilian Brantl im Oktober 1947, als »Der Atem« fertiggestellt worden ist: »Was ich mir vornehme, ein ›Friedrich‹, kann schwerlich fertig werden. Es wäre das Gegenstück zum ›Henri‹, aber an ihn wendete ich sechs Jahre. Nun, Fragmente sind auch etwas. An ein Ende gelangt man doch nie, so wenig mit den eigenen Bemühungen wie mit der Betrachtung der Welt.«[51]

Erhalten sind ein Entwurf und eine sogenannte »outline«, die in Deutsch und Englisch den Ablauf der einzelnen Szenen beschreibt.[52] 1949 erschien zudem ein Essay mit dem Titel »Der König von Preußen« in der »Neuen Rundschau«.[53]

Es handelt sich fraglos um eines der letzten großen Themen im Werk Heinrich Manns. Als Gegenstück zu den »Henri Quatre«-Romanen siedelte er sie dann auch sehr hoch im Werk- und Lebenszusammenhang an. Unbekannt war bisher, daß er es nicht nur auf der literarischen, sondern auch auf der bildkünstlerischen Ebene bearbeitet hat. Im Gegensatz zum Voltaire-Zyklus, der einen deutlichen biographischen Bezug hat, kann man beim Friedrich-Zyklus von einer Verschränkung von Zeichnen und literarischer Produktion sprechen.

Schon das 1. Blatt des Zyklus, »La vie de famille« (Nr. 25), läßt sich direkt auf die outline beziehen. Auf dem Blatt wird vermutlich Wilhelmine von ihrem Vater, König Friedrich Wilhelm, geschlagen, dahinter stehen die Königin und Friedrich.

In der outline des Werkes heißt es zu dieser Szene unter anderem: »Auch seine Familie wird roh behandelt; die beiden schon herangewachsenen Kinder, Friedrich und Wilhelmine, sind mit Prügeln erzogen.«[54]

Auch das 2. Blatt mit dem Titel »Katte« (Nr. 26) hat einen direkten Textbezug. Heinrich hat Katte in den Vordergrund gezeichnet. Im Hintergrund steht der Henker, auf der rechten Bildseite steht Friedrich, der bei der Hinrichtung seines Freundes zuschauen muß. In der outline schreibt Heinrich Mann: »Sein Freund Katte wird vor seinen Augen hingerichtet.«[55]

Sehr deutlich ist der Bezug wieder im 4. Blatt »Le colonel et son roi« (Nr. 28). Friedrich und sein Vater stehen hier auf dem Exerzierplatz. Im Hintergrund viele Soldaten. In der outline führt Heinrich Mann aus: »Der spätere König Friedrich als Jüngling; sein erstes Auftreten auf dem Exerzierplatz in Potsdam. Sein Vater, der gegenwärtige König Friedrich Wilhelm, mit dem Regiment der ›langen Kerle‹. Man sieht den ›preußischen Drill‹ und seinen Erfinder, den Fürsten von Anhalt (›der alte Dessauer‹). Friedrich, der selbst vom König bedrückt und mißhandelt ist, empört sich gegen den Mißbrauch der Menschen, dem er beiwohnt.«[56]

Hier – wie auch auf den vorangegangenen Blättern dieses Zyklus – wird eines deutlich: Die Zeichnungen geben nur den Rahmen für die Szenen ab. Sie verzichten auf Einzelheiten. Hier sind schon die Formulierungen in der outline differenzierter. Noch deutlicher wird dies, wenn man die Blätter mit den schon ausgeführten Dramenszenen vergleichen kann. So gibt es zu der Zeichnung »Le successeur qui s'annonce« (Nr. 27) einen Bezug zum Drama, Teil 1, Szene 6. Im Text wie auf dem Bild versammeln sich in dieser Szene Militärführer um Friedrich und seinen Vater. Es wird über die (militärische) Erziehung des Prinzen gesprochen. Auf dem Bild rauchen die Männer Pfeifen oder schwenken dieselben. Auf dem Tisch steht eine Miniaturkanone. Im Drama steht auf dem Schreibtisch des Königs die Puppe eines Grenadiers (als Nußknacker), der Friedrich eine tönerne Pfeife in den Mund schiebt. Der Nußknacker zerbeißt die Pfeife, und Friedrich stößt ihn um. Friedrich macht sich also über die militärische »Standfestigkeit« lustig und wird dafür geschlagen. Hier findet sich der häufig vorkommende Fall, daß die Zeichnung ein Thema gestaltet, das dann in der literarischen Ausführung eine größere Tiefendimension erhält.

Hinzuweisen ist allerdings auf eine Besonderheit in diesem Zyklus, und zwar im 7. Blatt, »La comtesse Olzewska« (Nr. 31). Die Gräfin liegt hier nackt auf dem Sofa, Friedrich steht davor und sieht sie an.

In der outline des Werkes heißt es: »Countess Orzelska, of Polish-French descent, is an illegitimate daughter of Augustus the Strong; no one resists her beauty, especially when she lies in an artistically furnished and illuminated cabinet, and the spectacle of her is presented unexpectedly. [...] Young Frederick remains alone with the first woman whom he sees naked.«[57]

Im Drama, 1. Teil, Szene 21 ist die Regieanweisung dann schon differenzierter: »Die Gräfin Orzelska liegt auf dem einzigen vorhandenen Möbel, die Beine ausgestreckt, den Oberleib mäßig erhoben. Nur eine ihrer Schultern ist angelehnt: die ganze Rückenansicht erscheint in dem Glas der ovalen Psyche, die hinter ihr aufgestellt ist. Brust und Gesicht sind nach der offenen Tür gewendet. – Friedrich steht in der Tür. Vor dem Körper der Göttin, das erste, was ihn anzieht, verneigt er sich, bemüht, ihm auffallend zu huldigen. Als er dann aber aufkommt, trifft sein Blick in den ihren.«[58]

Zeichnung und Drama stimmen hier ziemlich genau überein – auf eine Weise, die sonst selten vorkommt. Fast will es scheinen, als habe die Zeichnung dazu gedient, die Entwicklung von der outline zum Szenenentwurf voranzutreiben. Darauf verweist die in Bild und Text gestaltete Reduktion des Raumes auf ein einziges Möbel und die beiden Personen.

»Manon«

In diesem Zyklus hat Heinrich Mann einen Operntext gleichsam illustriert. Der ursprüngliche Text »Histoire de Manon Lescaut et du Chevalier Des Grieux« von Abbé Prévost ist 1731 erschienen. Auf der Grundlage des Textes von Prévost komponierten sowohl Jules Massenet (1884) als auch Giacomo Puccini (1893) eine Oper.

In den Werken Heinrich Manns taucht mehrfach ein Bezug zu dem Text und den Opern auf. Interessant ist, daß er höchstwahrscheinlich sowohl den Primärtext als auch beide Opern gekannt haben muß. So bringt er im letzten Blatt, das Abbé Prévost am Schreibtisch zeigt, während die beiden Hauptfiguren Manon und des Grieux durch die offene Gartentür eintreten (Nr. 42), den Autor und seine Figuren in einen direkten Bezug. Das spricht für eine Kenntnis des Textes. Die Zeichnungen umfassen zudem Elemente aus beiden Opern. So ist z.B. nur in der Oper von Massenet die Rede davon, daß sich des Grieux in das Priesterleben zurückziehen möchte, wovon ihn Manon schließlich abhält. Das zweite Blatt des Zyklus (Nr. 34) stellt genau diese Szene dar. Im Hintergrund sieht man Jesus am Kreuz hängen, während Manon auf des Grieux einredet. Diese Szene kommt in der Oper von Puccini nicht vor. Hingegen ist auf der anderen Seite der Schluß der Puccini-Oper im 10. Blatt »le désert« umgesetzt worden. Ja, man kann noch weitergehen. Das 9. und 10. Blatt (Nr. 40 und 41) im Zeichnungszyklus bei Heinrich Mann entsprechen dem dritten und vierten Akt bei Puccini. Im dritten Akt besticht Manons Bruder Lescaut Soldaten am Hafen von Le Havre, wo Manon als Gefangene nach Amerika abtransportiert werden soll. Dort sehen sich des Grieux und Manon noch einmal. Das vorletzte Blatt zeigt die beiden völlig erschöpft in der Wüste, wo Manon schließlich stirbt. Dieser Schluß entspricht exakt dem der Puccini-Oper, während Massenet Manon in den Armen des Grieux' auf der Landstraße nach Le Havre sterben läßt.

Heinrich Mann hat den »Manon«-Stoff in verschiedenen Werken verarbeitet. Besonders deutlich wird der Bezug in »Die Jagd nach Liebe« und »Empfang bei der Welt«; außerdem in dem Essay »Die Wege des Geschlechts« (1931). In Zusammenhang mit den Zeichnungen ist der Bezug zum Roman »Empfang bei der Welt« von besonderer Bedeutung. Auf dem großen Fest, das Arthur in seinem Haus gibt, werden einige Szenen der Oper »Manon« aufgeführt. Man kann wohl mit Sicherheit davon ausgehen, daß es sich bei den Zeichnungen um inspirierende Vorarbeiten zu diesem Teil des Romans handelt.

Die besondere Faszination der Geschichte der Manon Lescaut ist die unbedingte und absolute Leidenschaft und Liebe, die schließlich ihren Höhepunkt im Liebestod findet. Unter dem Titel »Die geistige Liebe« schreibt Heinrich Mann in »Ein Zeitalter wird besichtigt« über Puccini als den für ihn unerreichten Gestalter des leidenschaftlichen Lebensgefühls seiner Zeit, in dem er sich immer wiedererkannt habe. Die ganze existentielle Wucht dieser Musik wird in der Schilderung der ersten Begegnung mit der Musik Puccinis deutlich.

»Mir war nichts bewußt, als ich November 1900, unvergeßliches Datum, auf der hinteren Plattform einer langsamen Pferdebahn von Florenz bergan nach Fiesole fuhr. Ich fuhr oder ging dort alle Tage, dieses Mal spielte am Weg ein Leierkasten, der mich mit dem Maestro Puccini bekannt machte. So lange hatte ich weder von seiner Existenz erfahren noch die ›Bohème‹ gehört.

Die wenigen Takte, die ein Wind mir zutrug, veranlaßten mich, von meinem Tram abzuspringen. Ich stand und ließ mich entzücken; die reizendste Akrobatin, die auf einem Teppich im Staub ihre lockeren Gliedmaßen vorgeführt hätte, wäre schwerlich imstande gewesen, mich so lange zu fesseln. Dies meine erste Begegnung mit einem vollkommenen Darsteller des lei-denschaftlichen Lebensgefühls jener Tage: seinem Schmelz, Aufschwung, Todesverlangen.«[59]

Vor dem Hintergrund der Zeichnungen Heinrich Manns wird man diese Stelle zukünftig anders lesen müssen. Hier gehen die musikalischen Erfahrungen von 1900 und die zeichnerische Produktion um 1945, als er am »Zeitalter« schrieb, eine Verbindung ein. Warum, so mußte man bisher mit einer gewissen Irritation fragen, spricht Heinrich Mann von einer reizenden Akrobatin, um die Wirkung der Musik im Vergleich deutlich zu machen? Im »Zeitalter«-Text gibt es für diese Metaphorik keinerlei Anhaltspunkte. Schaut man sich freilich den Zeichnungszyklus »Variété« an, dann wird das Verfahren Heinrich Manns deutlich. Auf dreißig Blättern finden sich dort eine Reihe von Szenen mit Akrobatinnen gezeichnet. Das 20. Blatt zeigt sogar eine nackte Frau auf einem Teppich (Nr. 111). Man kann demnach davon ausgehen, daß Heinrich Mann diese Zeichnungen während der Arbeit an »Ein Zeitalter wird besichtigt« angefertigt hat. Als er über Puccini spricht, ist es ihm um ein Signal zu tun, daß die Bereiche des Musikalischen und des Sexuellen zusammenbringt. Erst dann nämlich ist für ihn das höchste Lebensgefühl erreicht. Er greift deshalb aus dem Text heraus auf die gerade entstehenden Zeichnungen zurück. Erreicht war damit die höchstmögliche Hermetik eines Textes. Das gewählte Bild ist ein ganz privates und geheimes, das einzig vom Autor verstanden werden sollte.

Konkrete Bezüge zum »Empfang bei der Welt« bieten folgende Zeichnungen des Manon-Zyklus: Blatt 2 trägt den Titel »Manon, l'antico fascino« (Nr. 33), handelt demnach von der erotischen Faszination. In »Empfang bei der Welt« heißt es dazu über die Wirkungen des Tenors Tamburini: »Nicht umsonst hatte er im voraus eingeübt, den alten Zauber zu fühlen. Gleichviel wer ihn vollstrecken soll, l'antico fascino, den Bescheidenen trifft er sogar von einer Manon, die nur ein Mordsweib ist.«[60] Blatt 3 zeigt des Grieux und Manon »à Saint-Sulpice« (Nr. 34), also in der Kirche, in welcher Manon – laut der Oper Massenets – des Grieux von einem Priesterleben abhalten möchte. Der Untertitel »N'est-ce pas ma main?« ist wohl der Beginn einer Arie oder eines Rezitativs, da er in Anführungszeichen steht und zudem Alice in »Empfang bei der Welt« ihren Part mit exakt diesen Worten beginnt. »Ein altes Zirkuspferd wie ich, dachte sie und setzte von selbst ein. ›N'est-ce pas ma main?‹ Sie legte los. Das Haus war augenblicklich von ihrer Stimme voll…«[61]

Die Untertitel der Blätter 2 und 3 des »Manon«-Zyklus weisen abermals auf die hohe Kunst der Zitatverschränkung Heinrich Manns hin, die sich hier nicht nur im literarischen, sondern auch im zeichnerischen Werk zeigt. Die Titel sind im Blatt 2 Puccini (l'antico fascino) und im Blatt 3 Massenet (N'est-ce pas ma main) entnommen.

Ohne Titel (Opern)

Bei diesem Zyklus handelt es sich überwiegend um unglückliche Liebschaften und/oder deren Folgen. Den weiblichen Personen kommt dabei eine besondere Rolle zu. Sie können durch ihre Liebe oder ihre Leidenschaft die männlichen Regenten maßgeblich in ihrer Politik beeinflussen und damit selbst Macht ausüben und politische Entscheidungen herbeirufen. Auf diese Weise sind persönliche und intime Erfahrungen und Motivationen aufs Engste mit weitreichenden politischen Handlungen verknüpft, die den persönlichen Rahmen dementsprechend sprengen. In dieses Schema passen insbesondere die Blätter »Messalina«, »Frédégonde« und »La fille de l'Herodiade« (Nr. 47, 48 und 50).

Die meisten Zeichnungen dieses Zyklus beschreiben eine Geschichte, die literarisch oder auch historisch verbürgt ist. Aber auch die sogenannten »historischen Geschichten« (»Messalina«, »Frédégonde«) haben legendenhafte Züge. Die Herrscherinnen, Geliebten oder weiblichen Verwandten der Könige lösen Kriege aus, fordern Hinrichtungen oder werden selbst ermordet. In jedem Fall sind die Folgen der Liebe oder der verbotenen Liebe blutig.

Die opera buffa »Die Hochzeit des Figaro« von Mozart durchbricht diese Grundtendenz der drohenden tödlichen Folgen einer Liebschaft. Hier stellt Heinrich Mann durch die zwei Zeichnungen »Chérubin« (Nr. 52) und »Gräfin Almaviva« (Nr. 53) das Ränke- und Verwirrspiel der Liebe in den Vordergrund. Aber zum Schluß der Oper lösen sich die Turbulenzen, und die Liebenden finden wieder zueinander. Die Folge sind verschiedene Hochzeiten. Hier sind die bewußten Manipulationen und das »Spiel« mit den Leidenschaften das verbindende Glied zu den übrigen Zeichnungen bzw. Erzählungen.

Bei Blatt 12 »Werther« (Nr. 54) hingegen stehen wieder die trüben Folgen der unglücklichen und nicht den Regeln entsprechenden Liebe im Vordergrund. Zwar sieht man Werther noch mit Lotte im Garten sitzend, aber sein Selbstmord als Endpunkt dieser Liebe setzt die oben beschriebene Reihe der bedrohlichen Ausmaße der Liebe fort.

So wie die Zeichnung »Messalina« impliziert auch »Phèdre« (Nr. 51) die Sittenlosigkeit dieser Frauen. Phädra verliebt sich in ihren Stiefsohn, eine Tatsache, die Heinrich Mann deutlich durch den Altersunterschied zwischen Phädra und Hippolytos hervorhebt. Er stellt den Stiefsohn als sehr jungen Knaben dar, obwohl er laut der Sagendichtung schon ein erwachsener Mann sein müßte. Aber diese Überbetonung des Mutter-Sohn-Verhältnisses setzt einen deutlichen Schwerpunkt auf die inzestuöse Sittenlosigkeit dieser Frau. Messalina kann auch diesem Schwerpunkt zugeordnet werden. Sie liegt nackt, lasziv-herausfordernd auf dem Bett, durch die Tür springt ein nackter Mann.

Frédégonde erwähnt Heinrich Mann in »Ein Zeitalter wird besichtigt«, wenn er über eine Dame aus der Industrie bemerkt: »Sie war vom abgeschwächten Typ einer Fredegonda, der mittelalterlichen Königin ihrer Heimat, wo es schon damals gewalttätig zuging; ihr männlicher Anhang bestand aus Enaksöhnen mit blonden Vollbärten, und die ganze Familie trug in den großen, kalten Gesichtern das unbedeutende Näschen, das üblich am Rhein ist. Mit ihren ausdruckslosen Nixenaugen – Fredegonda und die Lorelei haben nichts auszudrücken – und auch mit der breiten niederdeutschen Stimme wollte sie mich überreden, daß ›die Industrie‹ nicht nur unschuldig, daß sie auch völlig uneinträglich sei.«[62]

Auch Werther bekommt im »Zeitalter« eine besondere Bedeutung. Er wird in Beziehung zu Manon gesetzt. Hier wird wiederum deutlich, was starke Gefühle, z.B. die Liebe, bewirken können. Auf der einen Seite betont Heinrich Mann, daß erst durch diese ein produktives Handeln möglich sein kann. Auf der anderen Seite findet dieser unstillbare Hunger nach Leben sein Ende im Tod.

»Wäre es schmerzlich bis nahe der Selbstvernichtung, das Leben stark fühlen ist alles. Es ergibt die Werke und die Taten. Es bannt das menschliche Gefolge. Der junge Werther beendet seine Leiden freiwillig: die Mitlebenden wurden überzeugt. Sie haben der Nachwelt, als Andenken eines nach außen leichten Jahrhunderts, des achtzehnten, gerade Werther und Manon überliefert. Beide beschwert ihre unstillbare Begierde zu leben, nichts stillt sie, nur der frühe Tod.«[63]

Trotz vorhandener Bezüge zum Spätwerk Heinrich Manns bleibt die Frage nach dem inneren Band, das die Zeichnungen des Zyklus miteinander verbindet. Wie kommt es gerade zu dieser Zusammenstellung, die auf den ersten Blick doch sehr zufällig anmutet? Die Disparatheit löst sich auf, wenn man davon ausgeht, daß in allen Zeichnungen Bezüge zu Opern, Oratorien und symphonischen Werken, teilweise auch zu klassischen Dramen dargestellt werden. Die Zeichnungen wären dann eine bildhafte Umsetzung der in allen Quellen bezeugten Tatsache, daß der alte Heinrich Mann täglich klassische Musik gehört hat. Thomas Mann spricht explizit davon, daß er in

Amerika seine Kenntnis des symphonischen Weltbestands vertieft habe.[64]

Die bisherigen Ergebnisse der Recherchen im Buddenbrookhaus lassen sich folgendermaßen zusammenfassen:

1. »Suzanne« (Nr. 43): Weist wohl auf das Motiv Susanna im Bade aus dem Alten Testament hin, das Händel in seinem Oratorium »Susanna« behandelt. Zwei lüsterne Greise belauern dort die schöne Susanna im Bad und beginnen eine Intrige, als sie sie abweist. Zum Schluß greift der Prophet Daniel klärend ein.

2. »Le roi Candaule« (Nr. 44): »Der König Kandaules« ist eine Oper von Alexander von Zemlinsky (1871-1942). Sie stammt allerdings aus dessen Nachlaß und wurde erst 1996 uraufgeführt. 1938 war Zemlinsky in die USA ausgewandert. Ein Kontakt zu Heinrich Mann ist bisher in der Forschung nicht nachgewiesen. Möglich wären auch Bezüge zu Hebbels Drama »Gyges und sein Ring«, in dem der König Kandaules auftaucht, sowie zum Drama »Der König Kandaules« von Hofmannsthal.

3. »Shéharazade« (Nr. 45): Dazu gibt es eine sinfonische Suite von Rimskij-Korsakow (1887/88). In der Suite geht es um die Erzählungen Scheharazades in tausendundeiner Nacht, um Sindbad den Seefahrer. Dazu paßt die Schiffbruchszene im Hintergrund des Bildes. Und oben rechts im Bild könnte eventuell der Vogel Rock zu erkennen sein. Möglich wäre auch eine andere Spur, die auf eine »ouverture de féerie pour orchestre« mit dem Titel »Schéhérazade« von Ravel (1898, überarbeitet 1903) verweist.

4. »Daphnis et Chloé« (Nr. 46): Von Ravel gibt es ein Ballett für Orchester und Chor und eine Orchestersuite mit dem Titel »Daphnis et Chloé« (1909-1912). Hier geht es um Daphnis, den Hirten, und Chloé, seine Geliebte, deren Liebe einige Anfechtungen zu überstehen hat. So zum Beispiel eine Entführung durch Piraten, wozu das Schiff links oben auf der Zeichnung verweisen könnte.

5. »Messalina« (Nr. 47): Oper von Carlo Pallavicino (1630-1688).

6. »Frédégonde« (Nr. 48), eine Person, die entfernt mit der Nibelungensage in Zusammenhang steht. Es gibt eine Oper »Fredegunda« von Reinhard Keiser (1674-1739), im März 1715 in Hamburg uraufgeführt.

7. »Les fées« (Nr. 49): Hier könnte ein Bezug zur Oper »Die Feen« von Richard Wagner vorliegen. Im Mittelpunkt der Handlung steht ein junger Mann, der seine geliebte Fee nicht nach ihrem Namen fragen darf und es natürlich doch tut. Es ist wahrscheinlich, daß das Blatt den jungen Mann umgeben von Feen zeigt, was eine Szene aus dem ersten Akt darstellen könnte.

8. »La fille de l'Herodias/Salome« (Nr. 50): Der Bezug zur Oper von Richard Strauss (1905) liegt auf der Hand: Salome präsentiert den Kopf Johannes des Täufers auf dem Silbertablett. In der Oper triumphiert Herodias, während Herodes verzweifelt.

9. »Phèdre« (Nr. 51): Drama von Racine; es existiert auch eine Oper »Phèdre« von Jean Baptiste Le Moyne (1740-1796) aus dem Jahr 1786.

10. »Chérubin« (Nr. 52): Cherubino, Page des Grafen Almaviva in Mozarts »Die Hochzeit des Figaro«; verehrt die Gräfin La Comtesse Almaviva (Nr. 53), die auf Blatt 11 dargestellt ist.

12. »Werther« (Nr. 54): Oper von Massenet (1892).

13. ohne Titel (Nr. 55): Die ägyptisch angehauchte Szene erinnert an Verdis »Aida«. Zu denken wäre an die Gerichtsszene, in der Radames zum Tode verurteilt wird und willig das Urteil annimmt, weil er für Aida in den Tod gehen will.

»Greuelmärchen« und »Hitlermaedel Hilda«

Die Bezüge des Zyklus »Greuelmärchen« zum Zweiten Weltkrieg sind für die Datierung der Blätter sehr interessant. Sie lassen eine recht genaue zeitliche Einordnung zu. Die Zeichnungen müssen nach der Besetzung Frankreichs entstanden sein. Am 14. Juni nehmen deutsche Soldaten Paris ein. Die neue französische Regierung Pétain schließt in Compiègne einen Waffenstillstand mit der deutschen Regierung. Drei Fünftel Frankreichs werden besetzt, darunter die ganze Atlantikküste. Genau diesen Waffenstillstand vom 22. Juni 1940 thematisiert Heinrich Mann auf dem Blatt »Waffenstillstand«. Dieses Blatt zeigt Hitler tanzend auf einer Landkarte, die Frankreich abbildet. Im Hintergrund stehen vermutlich seine Handlanger, eventuell auch Personen der französischen Regierung. Tatsächlich führte Hitler, als er von der Kapitulationsbereitschaft Frankreichs erfuhr, im Garten seines Hauptquartiers an der Westfront einen »Freudentanz« auf, den die faschistische Wochenschau filmte (17. Juni 1940). Nach diesen Aufnahmen entstanden entlarvende Bilderserien, die in zahlreichen Zeitungen außerhalb Nazideutschlands veröffentlicht wurden. Das Blatt könnte demnach in der Zeit nach dem Waffenstillstand, also nach dem 22. Juni 1940 entstanden sein. Im September 1940 verläßt Heinrich Mann Frankreich, um in die USA überzusiedeln. Gut möglich, daß es sich um eine spontane Reaktion Heinrich Manns handelt. Es ist sehr unwahrscheinlich, daß die Zeichnungen dieses Zyklus nach 1941 entstanden sind, da mit dem Einzug deutscher Soldaten nach Rußland im Juni 1941 ein entscheidender Schritt in der Geschichte des Zweiten Weltkrieges vernachlässigt worden wäre. Zumal im Dezember 1941 Japan den Krieg gegen die USA mit einem überraschenden Angriff auf Pearl Harbor beginnt. In diesem Zusammenhang noch die Möglichkeit eines Volksaufstandes und den Sturz Hitlers zu sehen, dürfte auch für Heinrich Mann nicht mehr realistisch gewesen sein.

Blatt 1 »Die Anfänge eines Führers« (Nr. 56) zeigt Hitler im Zimmer eines Liebespaares. Er scheint gerade Schmuck, eventuell eine Halskette, stehlen zu wollen, während das Paar auf dem Bett liegt. Heinrich Mann nimmt hier eine psychologische Einordnung der Person vor, die später zum Diktator werden wird. Die große Geschichte wird auch hier über persönlich-private Motive gesehen, wie das schon beim »Friedrich«-Zyklus beobachtet werden konnte. Die zweite Zeichnung »Der Lebensraum« (Nr. 57) zeigt dasselbe Zimmer, allerdings hat sich die Perspektive um 180 Grad verschoben. Hitler flüchtet durch die Tür. Das Liebespaar ist aufgestanden, wobei nicht deutlich wird, ob der Mann wütend auf Hitler zeigt, die Frau streichelt oder auch schlägt. In jedem Fall wird Hitlers Ideologie durch den Titel der Zeichnung ironisiert. Denn vier Tage nach der Ernennung Hitlers zum Reichskanzler (30. Januar 1933) sprach Hitler vor Generälen über seine Vorstellung von der »Erweiterung des Lebensraumes nach Osten und dessen rücksichtslose Germanisierung«. Genau dieser Ausspruch wird in diesem Blatt verfremdet dargestellt. Diese Verfremdung trifft ebenso auf die nächste Zeichnung »Blitzartiger Überfall« (Nr. 58) zu. Sowohl bei dem Feldzug gegen Polen als auch gegen Frankreich wird von einem Blitzkrieg gesprochen, da die deutschen Truppen überraschend und außergewöhnlich schnell vorgegangen sind. Die Zeichnung stellt nun allerdings einen tatsächlichen Überfall dar, da die Frau, die zuvor noch mit dem Mann zu sehen war, mit einem Messerstich in den Bauch getötet wurde.

Das äußerst makabere Blatt »Menschenschlächterei« (Nr. 60) vergleicht die grausame Behandlung von Personengruppen durch die Nationalsozialisten mit der Arbeit in einer Schlachterei. Kinder werden bei medizinischen Versuchsprojekten mißbraucht. Es könnte sich bei dem Mann mit Brille um Heinrich Himmler handeln, der die SS, die innerparteiliche Polizeiorganisation der NSDAP, leitete. Später stand er der Gestapo vor und war für Morde im Sinne der »Endlösung« verantwortlich.

Der Volksgerichtshof, der 1934 von der nationalsozialistischen Regierung geschaffen wurde, ermöglichte eine größere Willkür der Rechtsprechung, z.B. die Schutzhaft, das heißt die Einlieferung in ein Konzentrationslager ohne Urteilsspruch. Auf dem Blatt »Urteil des Volksgerichtes« (Nr. 61) sieht man die Vollstreckung eines Todesurteils durch das Beil. Davor sitzt ein bürgerliches Publikum, das sich augenscheinlich an der Urteilsvollstreckung erfreut. Hier ist der Begriff »Volksgericht« also in dem Sinne der Erfreuung des Volkes bzw. der Urteilsfindung durch das Volk gebraucht, womit der »Sinn« der nationalsozialistischen Institution auf den Kopf gestellt würde.

Die Personen auf dem Blatt »Waffenstillstand« (Nr. 65) könnten sein: v.l.n.r. Heß, Goebbels, Hitler, Himmler, Göring.

Blatt 7 »Bestrafung der Nichte« (Nr. 62) hat ebenfalls einen realen Hintergrund. Hitler hatte tatsächlich eine Nichte; Angela Raubal, genannt Geli, war die Tochter seiner Halbschwester. Mit 19 Jahren wurde sie seine Geliebte, wandte sich später seinem Chauffeur zu, worauf Hitler diesen entließ. Am 18./19. September 1931, mit 23 Jahren, wurde sie tot in Hitlers Apartment in München aufgefunden – erschossen mit seinem Revolver. Theorien, nach denen Hitler Angela umgebracht haben soll, sind wissenschaftlich seriös nicht zu belegen.

Die zeichnerische Auseinandersetzung in den Zyklen »Greuelmärchen« und »Hitlermaedel Hilda« deckt sich mit denen in den literarischen Exiltexten. So mögen die Blätter aus den beiden Hitler-Zyklen dem unvoreingenommenen Betrachter wie eine unangemessene Reaktion auf ein weltpolitisch zentrales Element der Geschichte des 20. Jahrhunderts erscheinen. Der erotische und der satirische Blick auf den Faschismus findet sich im Spätwerk aber nicht nur in den neu aufgefundenen Zeichnungen, sondern hat auch einen literarischen Niederschlag gefunden, der von der Kritik damals mit einer gewissen Irritation aufgenommen wurde. Gemeint ist der Roman »Lidice«, in dem Heinrich Mann die Ausrottung der Bevölkerung eines kleinen tschechoslowakischen Dorfes, nach der Ermordung des Reichsprotektors von Böhmen und Mähren, Reinhard Heydrich, als Groteske beschreibt.[65]

So wäre etwa beim Blatt »Verknappung in der Textilbranche« (Nr. 59) auch ein Bezug zum Roman »Lidice« denkbar, wo das 7. Kapitel eine Szene schildert, in der Heydrich einen Saal betritt, in dem Näherinnen »Trikotagen« für die russische Front herstellen.

Heydrich befiehlt dann, daß sich alle Arbeiterinnen ausziehen sollen, weil er die Nationaltänze nackt vorgeführt bekommen möchte. Die groteske Szene endet damit, daß der Protektor das Interesse an den Frauen verliert, als die Aufseherin fragt: »Soll ich den Arbeiterinnen sagen, daß der Scherz zu Ende ist?«[66]

Den Zeichnungen zu Hitler liegt ein Verständnis der faschistischen Weltanschauung zugrunde, die Heinrich Mann an einer versteckten Stelle, die freilich an das Innerste der Ideologie von Adolf Hitler rührt, sehr knapp und pointiert zusammengefaßt hat. In der Nachlaßbibliothek in der Akademie der Künste in Berlin findet sich eine von Manuel Humbert herausgegebene Ausgabe von Hitlers »Mein Kampf«. Der Untertitel »Dichtung und Wahrheit« weist auf das spezielle Verfahren des Autors hin. Neben den Originaltext von Hitler hat er immer entsprechende Fakten gestellt, die belegen, daß Hitler das meiste seiner Ankündigungen aus den zwanziger Jahren auch durchgeführt hat.[67]

Heinrich Mann hat zu diesem Buch ein Vorwort verfaßt. Darin heißt es unter anderem:

»Der Nationalsozialismus und sein Reich füllen mit üblen Nebensachen eine Pause aus. Nichts Wesentliches oder auch nur Richtiges geschieht, solange sie da sind. Einmal beseitigt, werden der Nationalsozialismus und sein Reich überhaupt nicht gewesen sein.

Auch um Pausen auszufüllen, werden ganze Männer gebraucht; und können es nach Lage der Dinge weder Charaktere noch Begabungen sein, dann wenigstens Schwindler von Format und hemmungslose Besessene: so viel wird verlangt, und das sind sie dann auch. Abwechselnd und sogar gleichzeitig sind sämtliche Erscheinungen des Dritten Reiches verlogen und verrückt. Diese Irrsinnigen wissen zuletzt selbst nicht mehr, ob sie lügen. Ihren Irrsinn hatten sie anfangs wohl nur gespielt, bevor er endlich echt wurde.«[68]

Heinrich Mann legt gegenüber dem Faschismus keine historische Perspektive an. Die Weltgeschichte macht für ihn eine Pause. Sie geht für ihn erst weiter, wenn der faschistische Spuk ein Ende hat. Das mag naiv sein, schafft aber eine Distanz und macht andere Blickweisen möglich. Von diesen Möglichkeiten macht Heinrich Mann dann in seinen Texten und in den Zeichnungen Gebrauch. Die Stichworte liefert der Text zu »Mein Kampf«, wenn er von dem Schwindler und Schauspieler spricht.

Heinrich Mann nimmt Hitler von daher auf eine ganz persönliche Art und Weise nicht ernst. Er tut dies, weil er davon ausgeht, daß Hitler und seine Kumpanen ihre eigenen Ideologien nicht ernstnehmen, sondern als Fiktionen begreifen, die sie dem Volk vorleben. Daraus leitet sich dann seine Beurteilung Hitlers ab:

»Aus Haß gegen ihre eigene faule Wirklichkeit stürzen sich alle auf irgendein Hirngespinst; es ist nicht ihres, aber sie wickeln sich von Kopf bis Fuß darin ein und werden wenigstens nicht mehr nackt erblickt. Da ist ein armer Teufel von dunkler Herkunft, arbeitsscheuer Asylinsasse, lernt nichts, tut nichts, ist körperlich untüchtig, nicht einmal die Bauchwelle könnte er. Aber unter allen Geschöpfen muß gerade dieses ganzen Menschenmassen von Schande und Ehre erzählen. Vertritt groß die Ehre einer Nation, die nicht einmal seine ist. Hält ihr die Schande vor, nicht gerüstet, nicht wagehalsig und nicht gewaltig zu sein: was alles er wahrscheinlich in seinem Asyl gewesen ist. Indessen war ein Teil dieser Nation in der Verfassung, ihm zu glauben; das hat ihn in die Lage versetzt, jetzt von den Deutschen ein wahres Hundeleben zu verlangen. Selbst hat er es sich nach Möglichkeit erspart.«[69]

1 Thomas Mann. Tagebücher 1949-1950. Frankfurt/M.: Fischer 1991, S. 175.

2 Thomas Mann, Heinrich Mann: Briefwechsel 1900-1949. 3. erweiterte Neuausgabe, hg. v. Hans Wysling. Frankfurt/M.: Fischer 1995, S. 82.

3 Ebd., S. 86f.

4 Ebd., S. 88.

5 Heinrich Mann: Briefe an Ludwig Ewers 1889-1919. Berlin, Weimar: Aufbau 1980, S. 253.

6 Ebd., S. 254.

7 Ebd., S. 255.

8 Briefe einer Liebe. Heinrich Mann und Inés Schmied 1905 bis 1909. Hg. von Günter Berg, Anke Lindemann-Stark und Ariane Martin. In: Heinrich Mann Jahrbuch 17/1999, S. 176.

9 Ebd.

10 Heinrich Mann: Zwischen den Rassen. Roman. Frankfurt/M.: Fischer 1987, S. 409.

11 Ebd., S. 153f.

12 Ebd., S. 153.

13 Ebd., S. 154.

14 Vgl. hierzu Ariane Martin: Erotische Politik. Heinrich Manns erzählerisches Frühwerk. Würzburg: Könighausen & Neumann 1993, S. 221ff.

15 Zitiert nach ebd., S. 246.

16 Ebd., S. 245.

17 Vgl. zu diesem Komplex: Ariane Martin: Die weibliche Stimme der Revolution. Revolutionsthema und Frauenbild bei Heinrich Mann. In: Heinrich Mann Jahrbuch 7/1989, S. 272ff.

18 Heinrich Mann: Madame Legros. Berlin: Cassirer 1913, S. 101.

19 Ebd., S. 94.

20 Ebd., S. 117.

21 Heinrich Mann: Der Untertan. Roman. Frankfurt/M.: Fischer 1991, S. 445f.

22 Heinrich Mann: Die Armen. Roman. Der Kopf. Roman. Gesammelte Werke, Bd. 8. Berlin, Weimar: Aufbau 1987, S. 229.

23 Ebd., S. 229.

24 Ebd., S. 230.

25 Heinrich Mann: Der Atem. Roman. Berlin, Weimar: Aufbau 1968, S.138.

26 Ebd., S. 138.

27 Ebd., S. 113.

28 Heinrich Mann: Gestaltung und Lehre. Zitiert nach: Heinrich Mann. Die Vollendung des Königs Henri Quatre. Roman. Frankfurt/M.: Fischer 1991, S. 1071.

29 Heinrich Mann: Die ersten zwanzig Jahre. Fünfunddreißig Zeichnungen. Berlin, Weimar: Aufbau 1975.

30 Es handelt um folgende Stücke:
1. Aquarell Heinrich Manns mit der handschriftlichen Aufschrift »Pomare« (maskierte Dame) vom 3.2.1889, 15x22 cm, Sig: SB48/1
2. Waldidylle. Federzeichnung von H. Mann, um 1880, 19x24 cm, Sig. SB 48/2
3. Aquarell von Heinrich Mann: Seestücke. Schlacht zwischen Karavellen auf hoher See. (für Victor Mann) etwa 1912, 30,4x18 cm, Sig: SB 50/2
4. Vier Karikaturen: 1. Der Zauberer Mottenklingel. 2. Don Taddeo. 3. Die elegante Welt von Nizza, Originalgemälde von Prof. Huber. 4. Prof. Huber, o.J., Fotokopien, Sig: SB 355/1

31 Ewers Briefe, S. 13f. – Vgl. auch Lea Ritter-Santini: Kreuzigungen. Ein Schriftsteller und sein Bild. In: Heinrich Mann Jahrbuch 9/1991, S. 115ff.

32 Ewers Briefe, S. 126.

33 Briefwechsel, S. 337 (Brief vom 15. April 1942).

34 Frithjof Trapp: Heinrich Mann: Der Atem. Eine Welt ästhetischer Konstrukte. In: Heinrich Mann Jahrbuch 17/1999, S. 71ff.

35 Zitiert nach ebd., S. 72.

36 Ebd.

37 Heinrich Mann: Empfang bei der Welt. Roman. Frankfurt/M.: Fischer 1988, S. 289.

38 Ebd., S. 294.

39 Ebd., S. 51.

40 Ebd., S. 68.

41 Der Atem, S. 93.

42 Ebd., S. 96.

43 Ebd., S. 97.

44 Ebd., S. 106.

45 Vgl. dazu Jürgen Haupt: »Französischer Geist« und der Mythos des »Volkes«. Über Emotionalität und Politikverständnis des frühen Heinrich Mann, in: Heinrich Mann Jahrbuch 7/1989, S. 3-21, und Hans Wißkirchen: Der Topos des guten Volkes. Zur Tradition der deutschen Spätaufklärung und des Vormärz im Revolutionsverständnis Heinrich Manns. In: Heinrich Mann Jahrbuch 7/1989, S. 149ff.

46 Briefwechsel, S. 252.

47 Heinrich Mann an Golo Mann, Brief vom 25. Februar 1941. Eine Kopie des Schreibens befindet sich im Heinrich Mann-Nachlaß in der Akademie der Künste.

48 Voltaire: Romans et contes. Paris o.J., S. 602-608.

49 Siehe den Beitrag von Schuetze-Coburn in diesem Band, S. 27.

50 Marei Konow: Heinrich Mann und Friedrich der Große. Heidelberg: Groos 1993. Vgl. dazu auch Jürgen Haupt, Heinrich Manns traurige Geschichte von Friedrich dem Großen. Zur Sozialpsychologie eines Typus, in: Heinrich Mann Jahrbuch 3/1985, S. 209-223.

51 Zitiert nach Konow, S. 32.

52 Heinrich Mann: Die traurige Geschichte von Friedrich dem Großen. Berlin: Deutsche Akademie der Künste 1958.

53 Nachdruck in: Heinrich Mann. Essays, Band 3. Berlin: Aufbau 1962, S. 522ff.

54 Friedrich, S. 5.

55 Ebd., S. 8.

56 Ebd., S. 5.

57 Ebd., S. 8.

58 Ebd., S. 102.

59 Heinrich Mann: Ein Zeitalter wird besichtigt. Erinnerungen. Frankfurt/M.: Fischer 1996, S. 310f.

60 Empfang bei der Welt, S. 178.

61 Ebd., S. 174.

62 Ein Zeitalter wird besichtigt, S. 293.

63 Ebd., S. 6.

64 Siehe den Beitrag von Marje Schuetze-Coburn in diesem Band, S. 24.

65 In allen Einzelheiten schildert diese Problematik Uwe Naumann: Faschismus als Groteske. Heinrich Manns Roman »Lidice«. Worms: Georg Heintz 1980.

66 Heinrich Mann: Lidice. Roman. Berlin, Weimar: Aufbau 1984, S. 34.

67 Die genauen bibliographischen Angaben lauten: Manuel Humbert: Adolf Hitler, »Mein Kampf«. Dichtung und Wahrheit. Mit einem Vorwort von Heinrich Mann. Verlag »Pariser Tageblatt« Paris 5, Rue La Boetic 1936. 391 S.

68 Ebd., S. 5.

69 Ebd., S. 6.

Die Zeichnungen
The drawings

Bildtitel und Erläuterungen zu den Abbildungen Seite 359
Titles and explanations for the drawings, page 359

Monsieur de Voltaire
débitant, chez la duchesse
du Maine; son conte du
CROCHETEUR BORGNE

Heureux les borgnes qui ne sont privés
que de ce mauvais œil qui gâte
tout ce qu'on regarde ! mon œil
en est un exemple ... L'argent et
l'appétit lui venaient toujours en
proportion de l'exercice qu'il faisait ;
il travaillait le matin, mangeait et
buvait le soir, dormait la nuit ...

IL vit par hasard passer dans un char
brillant une grande princesse
qui avait un œil de plus que lui,
ce qui ne l'empêcha pas de la trouver
fort belle.

IV

Les six grands chevaux, ayant pris
le mors aux dents, entraînaient
la belle dans un précipice...
Son nouvel amant, plus effrayé encore
qu'elle, quoiqu'elle le fût beaucoup,
coupa les traits avec une adresse merveilleuse.

V

ELLE descend de son char et continue sa route à pied... Il eut beau offrir son bras, la dame ne voulut jamais l'accepter, sous prétexte qu'il était trop sale. ...Elle avait de fort petits pieds...

VI

MÉLINADE essaie de se relever,
mais elle retombe bientôt, et si malheureusement que ce qu'elle laissa voir à
Mesrour lui ôta le peu de raison ...
Il se servit des droits que son état de
crocheteur lui donnait à la brutalité,
il fut brutal et heureux.

Quel fut l'étonnement de Mélinade quand, ouvrant les yeux aux premiers rayons du jour... "Où suis-je, et qui êtes-vous?" s'écria-t-elle. — "Vous êtes, répondit-il, avec le misérable qui a eu le bonheur de vous sauver la vie, et qui s'est si bien payé de ses peines."

Elle s'approche d'un palais brillant
... et lit cette inscription sur la porte :

ELOIGNEZ VOUS PROFANES
CES PORTES NE S'OUVRIRONT QUE POUR
LE MAÎTRE DE L'ANNEAU

Mesrour s'approche à son tour,
mais il vit d'autres caractères...

AUSSITÔT les portes s'ouvrirent
d'elles-mêmes avec un grand bruit.
... Il passèrent dans une salle superbe,
où un festin délicieux les attendait
depuis douze cent cinquante ans ...
Ils furent servis chacun par mille esclaves
de la plus grande beauté.

Il y avait à Bagdad un musulman...
Il venait de faire sa cinquième absolution...
Sa servante, jeune étourdie très peu dévote,
se débarrassa de l'eau sacrée .... Elle tomba
sur un malheureux .... Il fut inondé et s'éveilla.
C'était le pauvre mesrour, qui, revenant
de son séjour enchanté, avait perdu dans
son voyage l'ANNEAU de SALOMON.

Der Pakt hat den Feind nicht nur hingehalten und getäuscht : er hat ihn endlich verurteilt, die Sowjet-Union anzugreifen, als der Zeitpunkt beinahe schon ihr richtiger war, seinen besten aber hatte er überschritten.

3.

«FÉDÉRIC»

LA VIE DE FAMILLE

KATTE

LE SUCCESSEUR QUI S'ANNONCE

LE COLONEL ET SON ROI

LE PRINCE EUGÈNE ET LE PRINCE ROYAL
à la campagne du Rhin, 1733

RHEINSBERG

LA COMTESSE OLZEWSKA

MANON

Manon
« l'antico fascino »

à Saint-Sulpice
« N'est-ce pas ma main... »

le protecteur

les amours bien gardés

Lescaut

la malchance

le lieutenant de Police

le départ

le désert

l'abbé Prévost

Literarische und historische Figuren
Literary and historic characters

2 SUZANNE

3　　LE ROI CANDAULES

4
SHÉHARAZADE
ses contes: le génie ravisseur,
l'oiseau Roch, le monstre marin, la femme changée en marbre, le verre.

7 FRÉDÉGONDE

8 1ᵉ·LES FÉES

LA FILLE DE L'HÉRODIADE
9

10 PHÈDRE

11 CHÉRUBIN

12 LA COMTESSE ALMAVIVA : Mme CÉCILE SOREL

73 WERTHER

14

1. Bild
Die Anfänge eines Führers

GREUEL MÄRCHEN

2. Bild
Der Lebensraum

EXECUTIVE OFFICES
321 WEST 44TH STREET
NEW YORK

TELEPHONE
EXCHANGE
HOLLY 1251

WARNER BROS.

PICTURES, INC.
WEST COAST STUDIOS
BURBANK, CALIFORNIA

EXECUTIVE OFFICES
321 WEST 44TH STREET
NEW YORK

TELEPHONE
EXCHANGE
HOLLY 1251

4. Bild
Verknappung in der Textilbranche

5. Bild
Menschenschlächterei

6. Bild.
Urteil des Volksgerichtes

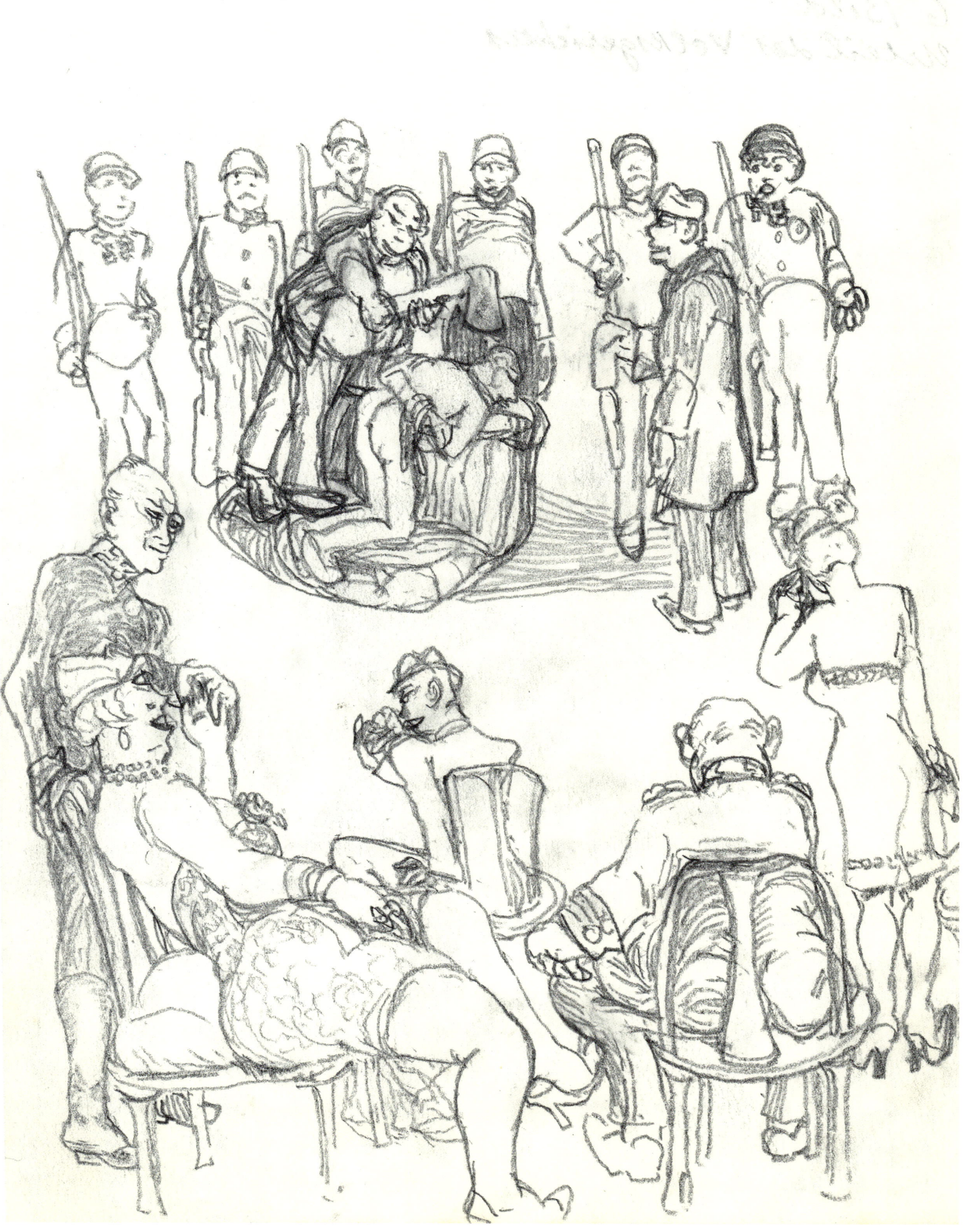

7. Bild
Bestrafung der Nichte

8. Bild
Kriegserklärung

9. Bild
Die Schlacht

153

10. Bild
Waffenstillstand

11. Bild
Das Volk steht auf

12. Bild
Das Ende eines Führers

1. Bild
Fröhlicher Auszug

HITLERMÆDEL HILDA

2. Bild
Fruchtbare Arbeit

3. Bild
Die überlebte Generation

4. Bild
In der Höhle des Kapitalismus

5. Bild
Heimgefunden

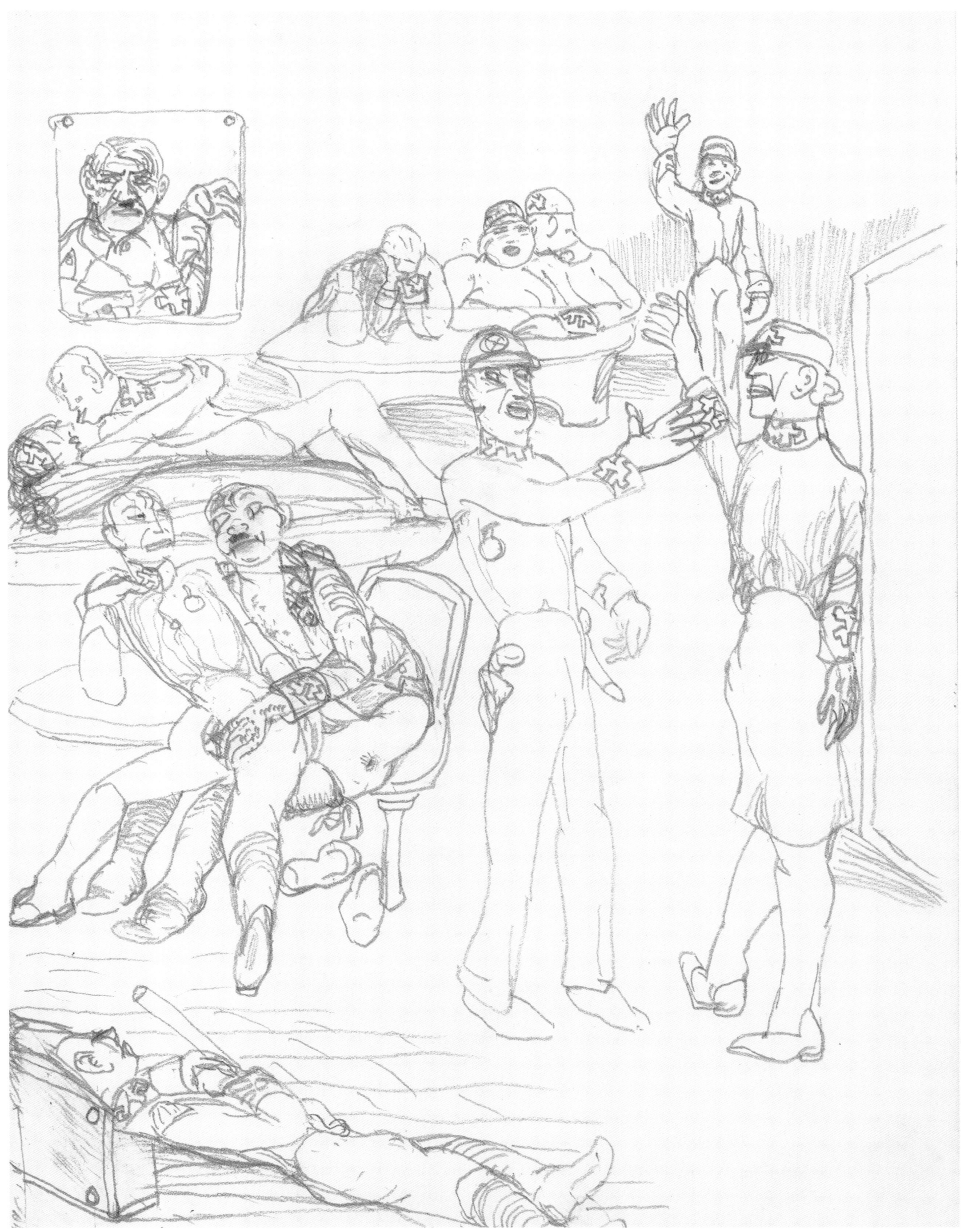

6. Bild
Nach Frankreich, motorisiert

7. Bild
Im unterworfenen Paris

8. Bild
Ausgestossen wegen Rassenschande

9. Bild
gestrandet in Marseille

15. Bild
Ende gut alles gut.

VOM LASTER ZUR TUGEND

7 Bild
Ein General

2. Bild
Irrtum des Präsidenten

5. Bild
Höhe des Lebens

6.
Bittere Reue

189

17

LES RENCONTRES
1 AU JARDIN

LA RENCONTRE FUNÈBRE

2

mois de.
mai 1893

3

LE FANTÔME

UNE RENCONTRE DANS LA BONNE SOCIÉTÉ
1885

5

LA RENCONTRE AVEC LES RICHES

FASCINATION
1911   7

BONJOUR CHÉRI
1900

UNTER DEN LINDEN
1910 - 3 UHR FRÜH

9

265

70

11 UN RÉCIDIVISTE

COUCOU 12

UN BÉGUIN DE BERTHE

13

LA RENCONTRE CHEZ LA MASSEUSE

14

LES RENCONTRES NOCTURNES

LA TRISTE RENCONTRE

16

JEUNE FILLE À MARIER

17

LE FIANCÉ

18

L'HOMME À FEMMES

L'OGRE !
eL le PETIT POUCET

20

LE CHÂTEAU

21

LES FÉLICITATIONS DES MUSES   27 mars 1942

LES DÎNEURS

23

LES PROFESSEURS

LA NOCE

CHEZ LES RICHES

LA MANSARDE

LES MISÉRABLES

303

LES BOURGEOIS

DÎNER-CONCERT

LA SAINT-SYLVESTRE

LES HOMMES DE LETTRES

LE BISTRO
DU PORT

AVEC LA PRINCESSE

LE DÎNER DES ASSASSINS

LE DÎNER INTERROMP

LE DÎNER
LES AMOUREUX

LE DÎNER DU PETIT JEUNE HOMME

CES DAMES ONT DÎNÉ

LE DÎNER DES ENFANTS

Einzelne Motive aus
verschiedenen Zyklen

Individual subjects
from diverse cycles

Beautés de nuit

FAUBOURG

LE SOUTENEUR

NOLUS

SORTIE DE TABLE

LES
NOCTAM
BULES

7. Bild
Es wird immer döller

11. Bild
Die Knabenhändler

12.Bild
Peinliche Begegnung

WARNER BROS.
PICTURES, INC.
WEST COAST STUDIOS
BURBANK, CALIFORNIA
10. April, 1941

Sehr verehrter Herr Mann,

    Wollen Sie so gut sein und die einliegende Karte unterschreiben. Es ist nur eine Formalitaet,

eine offizielle Benachrichtigung der Firma Warner Bros., dass Sie im Staate Kalifornien residieren und dass Sie, falls Sie den Staat verlassen, der Frima Mitteilung davon zukommen lassen werden.

    Nachdem Sie die Karte unterzeichnet haben, bitte senden Sie sie mir zurueck und ich werde sie an die richtige Instanz weitergeben.

    Mit vorzueglicher Hochactung,

      Ihr

      Jerome Lachenbruch

à 1 heure
du matin

Anhang
Appendix

Die Zeichnungen: Bildtitel und Erläuterungen
The drawings: Titles and explanations

Die Nummer verweist auf den Ort im vollständigen Verzeichnis der Bilder (S. 361) und führt zu näheren Hinweisen über die Zeichnungen und Zyklen

The number refers to the location in the complete inventory of drawings (p. 361) where more details about the drawings and cycles are found

S. 6 – Nr. 21: Gute Laune / Good humor

S. 50/51 – Nr. 1: Monsieur Voltaire erzählt bei der Herzogin von Maine seine Geschichte von dem einäugigen Lastträger / Mr. Voltaire tells his story of the one-eyed servant at the Duchess of Maine's

S. 52/53 – Nr. 2: Glücklich sind die Einäugigen, denen nur dieses böse Auge fehlt, das alles verdirbt, was es beschaut! Mesrour ist ein Beispiel dafür... Geld und Appetit kamen ihm in gleichem Maße wie die Arbeit, die er verrichtete. Er arbeitete am Morgen, aß und trank am Abend, schlief in der Nacht.../Happy are the one-eyed ones who lack only the evil eye that ruins everything it gazes upon! Mesrour is an example of this... Money and appetite came to him in the same proportion as the work that he did. He worked in the morning, ate and drank in the evening, slept at night...

S. 54/55 – Nr. 3: Der Zufall wollte es, daß er in einer prächtigen Kalesche eine vornehme Prinzessin vorbeifahren sah. Sie hatte zwar ein Auge mehr als er, aber das hinderte ihn keineswegs daran, sie sehr schön zu finden. /As chance would have it, he saw an elegant princess ride past in a carriage. To be sure she had one more eye than he did, but this did not deter him at all in considering her beautiful.

S. 56/57 – Nr. 4: Die sechs großen Pferde gingen durch und gelangten mit der Schönen an einen Abgrund... Ihr neuer Geliebter, der noch mehr erschrocken war als sie – und sie war sehr –, schnitt mit bewundernswerter Geschicklichkeit die Zügel durch./The six large horses bolted and carried the beautiful one to an abyss... Her new lover, who was more shocked than she was – and she was surprised a great deal herself – handled the reigns with admirable skill.

S. 58/59 – Nr. 5: Sie stieg aus dem Wagen und setzte den Weg zu Fuß fort... Er bot ihr vergebens seinen Arm an, die Dame wollte ihn nicht nehmen, aus dem Grunde, weil er schmutzig war... Sie hatte sehr kleine Füße. /She climbed from the carriage and continued on foot... He offered her his arm, which the lady did not want to take for the simple reason that he was dirty... She had very tiny feet.

S. 60/61 – Nr. 6: Mélinade versuchte sich aufzurichten, fällt aber wieder hin und fällt so unglücklich, daß das, was Mesrours Blicken nun sichtbar wird, ihm den Rest der Besinnung raubt... Er bediente sich der Rechte, die ihm sein Lastträgerstand zur Brutalität gab, er wurde brutal und glücklich./Mélinade tried to sit up but kept falling over and in such a way that what Mesrour saw made him completely lose his senses... He helped himself brutally to that which he considered himself entitled by virtue of his rank as servant; he was brutal and happy.

S. 62/63 – Nr. 7: Aber wie groß war die Überraschung Mélinadens, als sie bei den ersten Morgenstrahlen die Augen aufschlug...»Wo bin ich, und wer sind Sie?« rief sie. – »Sie sind«, gab er zur Antwort, »bei jenem Armen, der das Glück gehabt hat, Ihnen das Leben zu retten, und nun so herrlich für seine Mühe belohnt wird.«/But how large was Mélinade's surprise when she opened her eyes in dawn's first light. "Where am I, who are you?" she cried. – "You are," he replied, "with the wretched one who had the fortune to have saved your life and who now is to be splendidly rewarded for his efforts."

S. 64/65 – Nr. 8: Sie nähert sich einem glänzenden Palaste... und liest auf dem Tor die Aufschrift: Bleibet fern, ihr Ungeweihten, diese Pforten öffnen sich allein vor dem Herrn des Ringes. Mesrour nähert sich auf seine Weise, aber er liest andere Buchstaben.../They neared a brilliant palace... and read the inscription on the door: Remain distant, you unholy ones, these gates open only for the Master of the Rings. Mesrour got closer in his own way but read different letters...

S. 66/67 – Nr. 9: Sofort öffnen sich mit großem Geräusch die Tore von allein. Sie betreten einen prächtigen Saal, wo seit zwölfhundertfünfzig Jahren ein herrliches Mahl auf sie wartete... Jeder von ihnen wird von tausend Sklaven von erlesener Schönheit bedient./Immediately the doors open by themselves with a great noise. They enter a magnificent hall where a glorious meal has been waiting for them for 1250 years... Each of them is served by a thousand slaves of exquisite beauty.

S. 68/69 – Nr. 10: Zur selben Zeit lebte in Bagdad ein Muselman... Er hatte gerade die fünfte Waschung hinter sich... Seine Dienerin, eine junge und wenig fromme Törin, entledigte sich des heiligen Wassers... Es floß über einen unglücklichen Armen... Er wurde ganz durchnäßt und erwachte. Das war der arme Mesrour, der aus seinem verzauberten Palast zurückkam und unterwegs den Ring des Salomon verloren hatte./At the same time a Muslim lived in Bagdad... He had just finished his fifth ablutions... His servant, a young, impious and foolish woman, took care of the holy water... It poured over his misfortunate arms... He was completely soaked and awoke. That was the poor Mesrour who returned from his enchanted castle and lost the ring of Solomon along the way.

S. 70/71 – Nr. 24: Friedrich / Frederick

S. 73 – Nr. 25: Das Familienleben / Family circle

S. 75 – Nr. 26: Katte

S. 77 – Nr. 27: Der Thronfolger kündigt sich an / The successor is announced

S. 79 – Nr. 28: Der Oberst und sein König / The Colonel and his King

S. 81 – Nr. 29: Prinz Eugen und der königliche Prinz auf dem Rheinfeldzug, 1733 / Prince Eugene of Savoy and the Royal Prince at the Rhine Campaign, 1733

S. 83 – Nr. 30: Rheinsberg

S. 85 – Nr. 31: Die Gräfin Olzewska / Countess Olzewska

S. 87 – Nr. 32: Manon

S. 89 – Nr. 33: »erotische Faszination« / "erotic fascination"

S. 91 – Nr. 34: In Saint-Sulpice. »Ist das nicht meine Hand?« / In Saint-Sulpice. "Isn't that my hand?"

S. 93 – Nr. 35: Der Gönner / The patron

S. 95 – Nr. 36: Die gut bewachten Liebschaften / The well-guarded lovers

S. 97 – Nr. 37: Lescaut

S. 99 – Nr. 38: Das Mißgeschick / Misfortune

S. 101 – Nr. 39: Der Polizeileutnant / Police Lieutenant

S. 103 – Nr. 40: Die Abfahrt / Departure

S. 105 – Nr. 41: Die Wüste / The desert

S. 107 – Nr. 42: Abbé Prévost

S. 111 – Nr. 43: Susanna

S. 113 – Nr. 44: Der König Kandaules / The King Candaules

S. 115 – Nr. 45: Scheherazade, ihre Märchen: Das entführende Genie, Der Vogel Rock, Das Seeungeheuer, Der Prinz, der in Marmor verwandelt wurde, Der Glasberg / Scheherazade, her tales: the abducting genius, the bird Roc, the sea monster, the prince who turned into marble, Magnet Mountain

S. 117 – Nr. 46: Daphnis und Chloé / Daphnis and Chloé

S. 119 – Nr. 47: Messalina

S. 121 – Nr. 48: Frédégonde / Fredegunde

S. 123 – Nr. 49: Die Feen / The fairies

S. 125 – Nr. 50: Die Tochter der Herodias / The daughter of Herodias

S. 127 – Nr. 51: Phädra / Phaedra

S. 129 – Nr. 52: Cherubin / Cherubino

S. 131 – Nr. 53: Die Gräfin Almaviva, Mme Cécile Sorel / The Countess Almaviva, Mme Cécile Sorel

S. 133 – Nr. 54: Werther

Das Konvolut: Vollständiges Verzeichnis der Bilder
The collection: Inventory of drawings

Die in drei Kartons (boxes) aufbewahrten Zeichnungen in der Feuchtwanger Memorial Library der University of Southern California, Los Angeles, haben zumeist amerikanisches Standard-Briefbogenformat, die Zyklen 19 bis 31 wurden auf Papier eines länglicheren Formats gezeichnet. Einige Bleistiftzeichnungen sind leicht koloriert, andere wurden stellenweise mit Silberfolie versehen.
Alle Blätter wurden von 1 bis 396 durchnumeriert. Diese Numerierung ist auch die Grundlage des Konvolutverzeichnisses. Innerhalb des Verzeichnisses folgt eine zyklusinterne Numerierung, bei der die erste Zahl den Zyklus und die zweite die Bildnummer bezeichnet.
Zu Beginn der Erklärungen zu den Zeichnungen der einzelnen Zyklen stehen knappe Angaben zu Anzahl, Numerierung und Ordnung sowie Besonderheiten. Jede Zeichnung ist mit ihrem Titel bzw. Text dokumentiert, es folgen gegebenenfalls die Übersetzung französischer Originaltitel sowie eine Kurzbeschreibung.
Die Nummern der in diesem Band abgebildeten Zeichnungen sind mit einem Sternchen* versehen.

The majority of the Heinrich Mann drawings at the University of Southern California's Feuchtwanger Memorial Library in Los Angeles were sketched on standard U.S. letter-size paper; those comprising series 19-31 were drawn on legal-size paper. In some cases, Mann highlighted the pencil drawings with red and/or blue colored pencil details; in a few instances he added aluminum foil as decorative elements.
The drawings have been numbered from 1 to 396 for this publication; this sequence forms the basis for the inventory of works. In addition to the general inventory number, each series is separately numbered, with every image within each series assigned an individual number.
At the beginning of each series, a brief summary is provided that includes the overall number, series numeration, title and text of the drawing, and any other noteworthy features. When available, Mann's title and text for each drawing is included; in those cases where the original was in French, this is also provided. Each entry concludes with a brief description of the image.
The numbers of the drawings presented in this volume are marked with an asterisk*.

BOX 1

1. CROCHETEUR BORGNE

Information: 10 Blatt, davon 10 Zeichnungen. Die Vorderseite ist betextet, die Rückseite der Zeichnung scheint durch, unnumeriert, geordnet. – 10 sheets with 10 drawings. The front side with text, the verso with the drawing; unnumbered, arranged.

Nr. 1*
Bild 1,1: Monsieur de Voltaire débitant, chez la duchesse du Maine; son conte du CROCHETEUR BORGNE. Monsieur Voltaire erzählt bei der Herzogin von Maine seine Geschichte von dem EINÄUGIGEN LASTTRÄGER. Mr. Voltaire tells his story of the one-eyed servant at the Duchess of Maine's. Drei Frauen sitzen, eine wird von einem sitzenden Mann angesprochen. Three women sit; one woman is addressed by a seated man.

Nr. 2*
Bild 1,2: Heureux les borgnes qui ne sont privés que de ce mauvais œil que gâte tout ce qu'on regarde! Mesrour en est un exemple … L'argent et l'appétit lui venaient toujours en proportion de l'exercice qu'il faisait; il travallait le matin, mangeait et buvait le soir, dormait la nuit … Glücklich sind die Einäugigen, denen nur dieses böse Auge fehlt, das alles verdirbt, was es beschaut! Mesrour ist ein Beispiel dafür … Geld und Appetit kamen ihm in gleichem Maße wie die Arbeit, die er verrichtete. Er arbeitete am Morgen, aß und trank am Abend, schlief in der Nacht … Happy are the one-eyed ones who lack only the evil eye that ruins everything it gazes upon! Mesrour is an example of this. … Money and appetite came to him in the same proportion as the work that he did. He worked in the morning, ate and drank in the evening, slept at night … Straßenszene mit sitzenden Männern und verschleierten Frauen. Mesrour sitzt auf einem Diwan, ißt und trinkt. Street scene with seated men and veiled women. Mesrour sits on a sofa and eats and drinks.

Nr. 3*
Bild 1,3: Il vit par hasard passer dans un char brillant une grande princesse qui avait un oeil de plus que lui, ce qui ne l'empêcha pas de la trouver fort belle. Der Zufall wollte es, daß er in einer prächtigen Kalesche eine vornehme Prinzessin vorbeifahren sah. Sie hatte zwar ein Auge mehr als er, aber das hinderte ihn keineswegs daran, sie sehr schön zu finden. As chance would have it, he saw an elegant princess ride past in a carriage. To be sure she had one more eye than he did, but this did not deter him at all in considering her beautiful. Mélinade, die eine Kutsche lenkt, wird von Mesrour, in Lumpen gekleidet, angesprochen. Mélinade drives a carriage and is addressed by Mesrour who is dressed in rags.

Nr. 4*
Bild 1,4: Les six grands chevaux, ayant pris le mors aux dents, entraînaient la belle dans un précipice … Son nouvel amant, plus effrayé encore qu'elle, quoiqu'elle le fût beaucoup, coupa les traits avec une adresse merveilleuse. Die sechs großen Pferde gingen durch und gelangten mit der Schönen an einen Abgrund … Ihr neuer Geliebter, der noch mehr erschrocken war als sie – und sie war es sehr –, schnitt mit bewundernswerter Geschicklichkeit die Zügel durch. The six large horses bolted and carried the beautiful one to an abyss … Her new lover, who was more shocked than she was – and she was surprised a great deal herself – handled the reigns with admirable skill. Mélinade sitzt auf der Kutsche ohne Pferde, Mesrour hält daneben stehend die Zügel eines Pferdes. Mélinade sits in a carriage without horses, Mesrour holds the reigns of one horse.

Nr. 5*
Bild 1,5: ELLE descend de son char et continue sa route à pied … Il eut beau offrir son bras, la dame ne voulut jamais l'accepter, sous prétexte qu'il était trop sale. … Elle avait de fort petits pieds … Sie stieg aus dem Wagen und setzte den Weg zu Fuß fort … Er bot ihr vergebens seinen Arm an, die Dame wollte ihn nicht nehmen, aus dem Grunde, weil er schmutzig war … Sie hatte sehr kleine Füße. She climbed from the carriage and continued on foot … He offered her his arm, which the lady did not want to take for the simple reason that he was dirty. … She had very tiny feet.

Mélinade und Mesrour gehen draußen zusammen, sie hat ihr rechtes Bein angehoben und betrachtet ihren Fuß. Mélinade and Mesrour walk together outdoors; she holds up her right leg and looks at her foot.

Nr. 6*
Bild 1,6: MÉLINADE essaie de se relever, mais elle retombe bientôt, et si malheureusement que ce qu'elle laissa voir à Mesrour lui ôta le peu de raison … Il se servit des droits que son état de crocheteur lui donnait à la brutalité, il fut brutal et heureux. Mélinade versuchte sich aufzurichten, fällt aber wieder hin und fällt so unglücklich, daß das, was Mesrours Blicken nun sichtbar wird, ihm den Rest der Besinnung raubt … Er bediente sich der Rechte, die ihm sein Lastträgerstand zur Brutalität gab, er wurde brutal und glücklich. Mélinade tried to sit up but kept falling over and in such a way that what Mesrour saw made him completely lose his senses. … He helped himself brutally to that which he considered himself entitled by virtue of his rank as servant; he was brutal and happy. Mesrour fällt über Mélinade, die am Boden liegt, her. Outdoor scene: Mesrour falls over Mélinade who is on the ground.

Nr. 7*
Bild 1,7: Quel fut l'étonnement de Mélinade quand, ouvrant les yeux aux premiers rayons du jour … »Où suis-je, et qui êtes-vous?« s'écria-t-elle. – »Vous êtes, répondit-il, avec le misérable qui a eu le bonheur de vous sauver la vie, et qui s'est si bien payé de ses peines.« Aber wie groß war die Überraschung Mélinadens, als sie bei den ersten Morgenstrahlen die Augen aufschlug … »Wo bin ich, und wer sind Sie?« rief sie. – »Sie sind«, gab er zur Antwort, »bei jenem Armen, der das Glück gehabt hat, Ihnen das Leben zu retten, und nun so herrlich für seine Mühe belohnt wird.« But how large was Mélinade's surprise when she opened her eyes in dawn's first light. "Where am I, who are you?" she cried. – "You are," he replied, "with the wretched one who had the fortune to have saved your life and who now is to be splendidly rewarded for his efforts."

Mélinade sitzt zu Füßen des gut gekleideten Mesrour. Mélinade sits at the feet of a well-dressed Mesrour.

Nr. 8*
Bild 1,8: Elle s'approche d'un palais brillant ... et lit cette inscription sur la porte: ELOIGNEZ-VOUS PROFANES, CES PORTES NE S'OUVRIRONT QUE POUR LE MAÎTRE DE L'ANNEAU. Mesrour s'approche à son tour, mais il vit d'autres caractères ... Sie nähert sich einem glänzenden Palaste ... und liest auf dem Tor die Aufschrift: Bleibet fern, ihr Ungeweihten, diese Pforten öffnen sich allein vor dem Herrn des Ringes. Mesrour nähert sich auf seine Weise, aber er liest andere Buchstaben ... They neared a brilliant palace ... and read the inscription on the door: Remain distant, you unholy ones, these gates open only for the Master of the Rings. Mesrour got closer in his own way but read different letters.
Mélinade und Mesrour stehen vor einem Palast, in dessen geöffneter Tür ein Mann steht. Mélinade and Mesrour stand in front of a palace; a man stands in its opened door.

Nr. 9*
Bild 1,9: AUSSITÔT les portes s'ouvrirent d'elles-mêmes avec un grand bruit. ... Il (Ils, Anm. Red.) passèrent dans une salle superbe, où un festin délicieux les attendait depuis douze cent cinquante ans ... Ils furent servis chacun par mille esclaves de la plus grande beauté. Sofort öffnen sich mit großem Geräusch die Tore von allein. Sie betreten einen prächtigen Saal, wo seit zwölfhundertfünfzig Jahren ein herrliches Mahl auf sie wartete ... Jeder von ihnen wird von tausend Sklaven von erlesener Schönheit bedient. Immediately the doors open by themselves with a great noise. They enter a magnificent hall where a glorious meal has been waiting for them for 1250 years. ... Each of them is served by a thousand slaves of exquisite beauty.
Mélinade und Mesrour sitzen am Tisch und essen; sie werden von nackten Männern und Frauen bedient. Mélinade and Mesrour sit at a table and eat; nude men and women serve them.

Nr. 10*
Bild 1,10: Il y avait à Bagdad un musulman ... Il venait de faire sa cinquième absolution (ablution, Anm. Red.) ... Sa servante, jeune étourdie très peu dévote, se débarrassa de l'eau sacrée ... Elle tomba sur un malheureux ... Il fut inondé et s'éveilla. C'était le pauvre Mesrour, qui, revenant de son séjour enchanté, avait perdu dans son voyage l'ANNEAU de SALOMON. Zur selben Zeit lebte in Bagdad ein Muselman ... Er hatte gerade die fünfte Waschung hinter sich ... Seine Dienerin, eine junge und wenig fromme Törin, entledigte sich des heiligen Wassers ... Es floß über einen unglücklichen Armen ... Er wurde ganz durchnäßt und erwachte. Das war der arme Mesrour, der aus seinem verzauberten Palast zurückkam und unterwegs den Ring des Salomon verloren hatte. At the same time a Muslim lived in Bagdad ... He had just finished his fifth ablutions. ... His servant, a young and impious, foolish woman, took care of the holy water. ... It poured over his misfortunate arms. ... He was completely soaked and awoke. That was the poor Mesrour who returned from his enchanted castle and lost the ring of Solomon along the way.
Mesrour liegt in Lumpen auf der Straße, eine Frau begießt ihn vom Balkon mit Flüssigkeit. Mesrour lies in rags on the street; a woman pours liquid on his head from a balcony above.

2. LES CRAPULES, Das Gesindel, The mob
Information: 13 Blatt, davon 13 Zeichnungen, numeriert, geordnet. – 13 sheets with 13 drawings, numbered and arranged.

Nr. 11
Bild 2,1: LA TERREUR, Der Schrecken, The terror
Ein bekleideter Mann kniet vor einer halbnackten sitzenden Frau, ein anderer Mann beobachtet sie durch einen Türspalt. A dressed man kneels in front of a seated semi nude woman while another man peeks through a cracked door.

Nr. 12
Bild 2,2: L'AGRÉABLE SUPRISE, Die angenehme Überraschung, The agreeable surprise
Ein Mann steht auf einem Bett mit einer Flasche in der Hand, eine nackte Frau schaut ihn an, wobei sie ihre Brust hält. A man stands on a bed with a bottle in his hand; a nude female faces him while holding her breast.

Nr. 13
Bild 2,3: L'IMPRUDENT, Der Unvorsichtige, The careless one
Eine gutgekleidete Frau geht mit einem Mann die Straße entlang. Ein anderer Mann mit einem Messer in der Hand versteckt sich. A well dressed man and woman walk down a narrow street; a man holding a knife hides himself.

Nr. 14
Bild 2,4: LE PERVERTI FANTAISISTE, Der phantasievolle Lüstling, The imaginative voluptuary
Ein kleiner nackter Mann mit Brille fällt über einen am Boden liegenden Mann her. Drei dicke nackte Frauen beobachten ihn dabei. A small naked man with glasses falls over a man on the ground; three large nude women watch.

Nr. 15
Bild 2,5: LA REVANCHE DE LA MONTURE, Die Revanche des Reittieres, Revenge of the mount
Personen wie Bild 4. Der kleine Mann liegt bäuchlings auf dem Boden mit Messerwunden im Rücken. Eine Frau kniet bei ihm, der zweite Mann sitzt, ein Messer in der Hand, mit den zwei anderen Frauen auf einem Sofa. Same people as image 2.4. The small man now faces down on the ground with stab wounds in his back. A woman kneels by him, another man sits (with a knife in his hand) by two women on a sofa.

Nr. 16
Bild 2,6: LA TRAPPE, Die Falltür, The trap door
Ein Mann mit Krawatte sitzt auf einem Stuhl, der durch ein Loch im Boden fällt. Er wird von einer halbbekleideten Frau und einem Mann beobachtet. A man with a necktie sits on a chair that is falling into a hole in the floor. He is observed by a half-naked woman and man.

Nr. 17
Bild 2,7: LE SOUTIEN DE LA FAMILLE, Die Stütze der Familie, The pillar of the family
Auf einem Bett sitzt eine dicke nackte Frau auf einem Jungen mit einem anderen nackten Jungen an ihrer Seite. Eine zweite dicke Frau sitzt rauchend an der Seite, an der Wand ist ein Mann an einer Schlinge aufgehängt. A large nude woman sits on top of a youth in bed with another nude youth next to her. A second large woman is seated on the side of the bed smoking; a man hangs on the wall from a noose.

Nr. 18
Bild 2,8: UNE FEMME FATALE (LE CAMBRIOLEUR INDIGNÉ), Eine femme fatale (Der empörte Einbrecher), A femme fatale (the surprised burglar)

Ein Mann und eine Frau lieben sich auf dem Bett, ein anderer Mann tritt aus dem Kleiderschrank und beobachtet sie. A woman and man make love in bed while another man steps out of a wardrobe watching them.

Nr. 19
Bild 2,9: LES BONNES MOEURS RÉTABLIES, Die wiederhergestellten guten Sitten, Reestablished good manners
Personen wie auf Bild 8. Der Mann aus dem Schrank liegt nun mit der Frau im Bett, während der andere Mann gefesselt im Schrank sitzt und sie beobachtet. Same people as image 2.8. The man from the wardrobe now lies in bed with the woman; the other man is handcuffed in the wardrobe watching them.

Nr. 20
Bild 2,10: LE MÉRITE RÉCOMPENSÉ, Der verdiente Lohn, Just rewards
Personen wie auf Bild 9. Vor einem Hauseingang: Der eine Mann küßt der Frau die Hand, daneben steht der andere Mann. Same people as image 2.9. In front of a house one man kisses the hand of the woman, the other man stands next to her.

Nr. 21*
Bild 2,11: GOOD HUMOR, Gute Laune
Eine Frau fährt rasant Auto, Menschen springen zur Seite, zwei überfährt sie. A woman drives a car wildly, running over two people as others jump out of the way; a Good Humor ice cream truck follows behind.

Nr. 22
Bild 2,12: DEUX MORTS, UN CANDIDAT, Zwei Tote, ein Kandidat
Eine nackte Frau schaut vom Bett aus in einen Spiegel, links tritt ein Mann ein, im Hintergrund liegen zwei Männer in Särgen. A nude woman in bed looks into a mirror; a man enters the room at her left. In the background two men lie in coffins.

Nr. 23
Bild 2,13: OÙ SONT LES NEIGES D'ANTAN, Schnee von gestern, It's all water under the bridge
Im Restaurant sitzen viele Paare an Tischen, im Vordergrund sitzt eine rauchende Frau, die von zwei Männern angeschaut wird. Restaurant scene with many couples seated at tables; in the foreground a smoking woman has the attention of men on either side of her.

3. FÉDÉRIC, Friedrich der Große, Frederick the Great
Information: 8 Blatt, davon 7 Zeichnungen und ein Titelblatt, unnumeriert, geordnet. – 8 sheets with 7 drawings and 1 cover sheet, unnumbered, arranged.

Nr. 24*
Bild 3,1: Titel: Vorderseite »FÉDÉRIC«, Rückseite Text zu Hitler-Stalin-Pakt: »Der Pakt hat den Feind nicht nur hingehalten und getäuscht; er hat ihn endlich verurteilt, die Sowjet-Union anzugreifen, als der Zeitpunkt beinahe schon ihr richtiger war, seinen besten aber hatte er überschritten.« Front of cover sheet "Frederick the Great", verso Mann's text regarding the Hitler-Stalin pact: "The pact not only deceived and hindered the enemy; it also condemned him to attack the Soviet Union at almost the right time but when his best was already spent."

Nr. 25*
Bild 3,2: LA VIE DE FAMILLE, Das Familienleben, Family circle
Eine schreiende Frau wird auf dem Boden liegend

von einem Mann, vermutlich König Friedrich Wilhelm I., an den Haaren gezogen. Eine andere Frau und ein Mann, vermutlich Friedrich, beobachten die Szene, eine dritte Frau verläßt den Raum. A crying woman sits on the floor with her hair being pulled by a man, presumably King Frederick William I. Another woman and man, presumably Frederick, watch the scene while a third woman leaves the room.

Nr. 26*
Bild 3,3: KATTE
Friedrich ist im Gespräch mit seinem Freund Katte, ein Soldat und ein Henker mit Beil stehen im Hintergrund. Frederick speaks with his friend, Katte; in the background stand a soldier and an executioner with an axe.

Nr. 27*
Bild 3,4: LE SUCCESSEUR QUI S'ANNONCE, Der Thronfolger kündigt sich an, The successor is announced
Einige Männer sitzen und stehen an einem langen Tisch und belächeln den erschreckten Friedrich. Several men sit at a long table and smile at the terrified Frederick.

Nr. 28*
Bild 3,5: LE COLONEL ET SON ROI, Der Oberst und sein König, The Colonel and his king
Friedrich und sein Vater stehen auf dem Exerzierplatz, im Hintergrund in Reih und Glied Soldaten. Frederick and his father stand by a military parade; in the background rows of soldiers are shown.

Nr. 29*
Bild 3,6: LE PRINCE EUGÈNE ET LE PRINCE ROYAL à la campagne du Rhin, 1733, Prinz Eugen und der königliche Prinz auf dem Rheinfeldzug, 1733, Prince Eugene of Savoy and the Royal Prince at the Rhine campaign, 1733
Friedrich und Prinz Eugen von Savoyen stehen am Rhein. Hinter ihnen stehen zwei Soldaten. Frederick and Prince Eugene of Savoy stand by the Rhine; two soldiers stand behind them.

Nr. 30*
Bild 3,7: RHEINSBERG
Vor dem Rheinsberger Schloß sitzen und stehen Frauen und Männer und spielen Musik. Men and women stand and sit making music in front of Rheinsberg castle.

Nr. 31*
Bild 3,8: LA COMTESSE OLZEWSKA, Die Gräfin Olzewska, Countess Olzewska
Eine nackte Frau mit einer Krone liegt auf einer Chaiselongue, Friedrich schaut sie an. A nude woman with a crown lies on a chaise longue; Frederick looks at her.

4. MANON
Information: 11 Blatt, davon 10 Zeichnungen und ein Titelblatt, unnumeriert, geordnet. – 11 sheets with 10 drawings and 1 cover sheet, unnumbered, arranged.

Nr. 32*
Bild 4,1: Manon

Nr. 33*
Bild 4,2: Manon »l'antico fascino«, »erotische Faszination«, Manon "erotic fascination"
Manon und des Grieux halten sich auf dem Hof an den Händen. Manon and the Chevalier of Grieux hold hands in a courtyard.

Nr. 34*
Bild 4,3: à Saint-Sulpice »N'est-ce pas ma main?«, In Saint-Sulpice. »Ist das nicht meine Hand?« In Saint Sulpice: "Isn't that my hand?"

Manon und des Grieux stehen in einer Kapelle vor einem Kruzifix und halten sich an der Hand. In a chapel Manon and des Grieux hold hands in front of a crucifix.

Nr. 35*
Bild 4,4: le protecteur, Der Gönner, The patron
Manon und des Grieux halten sich an den Händen, ein weiterer Mann steht im Vordergrund, verschiedene Männer und Frauen sitzen und stehen im Hintergrund. Outdoor scene, Manon and des Grieux hold hands; one man stands in the foreground; several men and women sit and stand in the background.

Nr. 36*
Bild 4,5: les amours bien gardés, Die gut bewachten Liebschaften, The well-guarded lovers
Manon und des Grieux umarmen sich, ein Wächter hindert einen anderen Mann am Eintreten. Manon and des Grieux embrace on a couch with a guard at the door keeping a man from entering.

Nr. 37*
Bild 4,6: Lescaut
Manon und des Grieux sitzen am Tisch im Hintergrund, der Leibgardist Lescaut steht im Vordergrund. Manon and des Grieux sit at a table in the background; Lescaut stands in the foreground.

Nr. 38*
Bild 4,7: la malechance, Das Mißgeschick, Misfortune
Am Spieltisch sitzen des Grieux und Manon. Ein weiterer Mann sucht unter dem Tisch nach Geld oder einer Spielkarte. Manon and des Grieux sit at a table playing cards; another man reaches under the table for a card or money.

Nr. 39*
Bild 4,8: le lieutenant de police, Der Polizeileutnant, Police Lieutenant
Manon und des Grieux auf einer Treppe, Polizisten nähern sich. Manon and des Grieux climb stairs; a policeman approaches them.

Nr. 40*
Bild: 4,9: le départ, Die Abfahrt, Departure
Am Hafen verabschieden sich Manon und des Grieux. Im Hintergrund liegt ein Schiff. Personen gehen vorüber. Manon and des Grieux say farewell at the harbor; others board a ship in the background.

Nr. 41*
Bild 4,10: le désert, Die Wüste, The desert
Des Grieux und Manon liegen erschöpft im Wüstensand. Manon and des Grieux lie exhausted in the desert sand.

Nr. 42*
Bild 4,11: l'abbé Prévost, Abbé Prévost, Abbé Prévost
Prévost sitzt am Schreibtisch, Manon und des Grieux treten durch die offene Gartentür. Prévost sits at his desk writing; Manon and des Grieux enter the room through the open garden door.

5. Zyklus ohne Titel (Opern), Untitled series (operas)
Information: 13 Blatt, davon 13 Zeichnungen (4,5,6, color), numeriert, geordnet. Der Zyklus beginnt mit dem zweiten Bild. – 13 sheets with 13 drawings (4,5,6 colored), numbered and arranged. The series begins with the image numbered as two.

Nr. 43*
Bild 5,1: SUZANNE, Susanna
Suzanne badet im Springbrunnen und wird von lüsternen Greisen beobachtet. Suzanne bathes in her garden fountain observed by lascivious old men.

Nr. 44*
Bild 5,2: LE ROI CANDAULES, Der König Kandaules, The King Candaules
Gyges, der Minister des Königs Kandaules, versteckt sich hinter einem Vorhang und beobachtet die nackte Königin und ihren Mann. Gyges, minister to King Candaules, hides behind a curtain and views the naked Queen and her husband.

Nr. 45*
Bild 5,3: SHÉHARAZADE, Scheherazade »ses contes: le génie ravisseur, l'oiseau Roch, le monstre marin, le prince changé en marbre, la montagne de verre«. Scheherazade, ihre Märchen: Das entführende Genie, Der Vogel Rock, Das Seeungeheuer, Der Prinz, der in Marmor verwandelt wurde, Der Glasberg. Scheharazade, her tales: the abducting genius, the bird Roc, the sea monster, the prince who turned into marble, Magnet Mountain
Die Geschichten der Erzählerin Scheharazade aus »Tausendundeiner Nacht« werden im Hintergrund bildlich dargestellt. Im Vordergrund sitzt die Geschichtenerzählerin neben dem König. The stories told by Scheherazade from the "Arabian Nights" are depicted in the background; the storyteller sits next to the Sultan in the foreground.

Nr. 46*
Bild 5,4: DAPHNIS ET CHLOÉ, Daphnis und Chloé, Daphnis and Chloé
Daphnis und Chloé umarmen sich am Strand. Im Hintergrund sind Berge, Bäume, das Meer und ein Schiff zu sehen. Daphnis and Chloé embrace on the beach; in the background trees, mountains, and a ship are shown.

Nr. 47*
Bild 5,5: MESSALINA (Messalina Valeria)
Messalina liegt nackt auf einem Sofa, die Wächter schauen sie an. Messalina lounges provocatively while armed guards watch her.

Nr. 48*
Bild 5,6: FRÉDÉGONDE, Fredegunde
Zwei Frauen erheben das Schwert gegen eine andere Person. Two women wield a sword at a man.

Nr. 49*
Bild 5,7: LES FÉES, Die Feen, The fairies
Einige nackte Feen tanzen um eine verhüllte Gestalt. Nude nymphs dance around a cloaked figure.

Nr. 50*
Bild 5,8: LA FILLE DE L'HERODIADE, Die Tochter der Herodias, The daughter of Herodias
Salome präsentiert ihrer Mutter Herodias den Kopf Johannes des Täufers auf einem Tablett. Salome presents her mother, Herodias, with the head of John the Baptist.

Nr. 51*
Bild 5,9: PHÈDRE, Phädra, Phaedra
Phädra mit ihrem Stiefsohn Hippolytos. Phaedra with her stepson, Hippolytus.

Nr. 52*
Bild 5,10: CHÉRUBIN, Cherubin, Cherubino
Szene aus »Die Hochzeit des Figaro«: Cherubin kniet vor der Gräfin Almaviva. Scene from "The Marriage of Figaro": Cherubino kneels before the Countess Almaviva.

Nr. 53*
Bild 5,11: LA COMTESSE ALMAVIVA, Mme CÉCILE SOREL, Die Gräfin Almaviva, Mme Cécile Sorel, The Countess Almaviva, Madame Cécile Sorel
Szene aus »Die Hochzeit des Figaro«: Die Gräfin Almaviva geht die Treppe hinunter. Scene from "The Marriage of Figaro": Countess Almaviva descends the stairs.

Nr. 54*
Bild 5,12: WERTHER, Werther
Werther sitzt vor Lotte im Garten. Werther sits in front of Lotte in the garden.

Nr. 55*
Bild 5,13: kein Titel, Untitled
Ein Mann steht am Thron eines ägyptischen Pharaos, davor kniet ein anderer Mann. A man kneels before the throne of an Egyptian pharaoh.

6. GREUELMÄRCHEN, Tales of atrocity
Information: 12 Blatt, davon 12 Zeichnungen, 12 Titel (Rückseite), numeriert, geordnet, (2, 3, 7, Rückseite Briefbogen Warner Brothers). – 12 sheets with 12 drawings, 12 titles (on verso), numbered, arranged (2, 3, 7 on verso of Warner Brothers' letterhead).

Nr. 56*
Bild 6,1: Die Anfänge eines Führers, Inception of the Führer
Ein Mann und eine Frau liegen im Bett, Hitler schleicht kriechend an einen Tisch, um eine Kette zu stehlen. A man and a woman lie in bed while Hitler steals a necklace from a table.

Nr. 57*
Bild 6,2: Der Lebensraum, Living space
Ein Mann und eine Frau streiten sich, während Hitler durch eine Tür oder ein Fenster flüchtet. A man and a woman argue while Hitler flees through a door or window.

Nr. 58*
Bild 6,3: Blitzartiger Überfall, Flash raid
Eine nackte Frau liegt mit einem Messer im Bauch auf dem Fußboden, eine Frau und ein Mann stehen daneben. A nude woman lies on the floor with a knife in her stomach; a man and a woman stand nearby.

Nr. 59*
Bild 6,4: Verknappung der Textilbranche, Shortage in the textile trade
Eine nackte Frau wird von vielen Personen auf der Straße betrachtet. A crowd observes a woman standing nude in the street.

Nr. 60*
Bild 6,5: Menschenschlächterei, Human slaughter
In einem Raum, der an eine Schlachterei erinnert, steht ein Schlachter/Doktor an einem Tisch, auf dem ein Kind als Patient liegt. In a room reminiscent of a slaughterhouse, a butcher/doctor stands at a table upon which a child patient lies.

Nr. 61*
Bild 6,6: Urteil des Volksgerichtes, Verdict of the people's court
Ein Mensch soll geköpft werden, eine Gruppe von Beobachtern schaut zu. A person waits to be executed while spectators look on.

Nr. 62*
Bild 6,7: Bestrafung der Nichte, The niece's punishment
Hitler steht mit rauchender Pistole vor seiner Nichte. Ein Mann liegt am Boden. Hitler stands before his niece with a smoking pistol; a man lies on the floor.

Nr. 63*
Bild 6,8: Kriegserklärung, Declaration of war
Hitler spricht vor einem großen Publikum. Hitler speaks before a large audience.

Nr. 64*
Bild 6,9: Die Schlacht, Battle/Slaughter
Einige Personen liegen von Bomben getroffen am Boden, andere rennen umher. Bodies hit by bombs cover on the ground; people run away.

Nr. 65*
Bild 6,10: Waffenstillstand, Cease-fire
Hitler führt einen Kriegstanz auf einer Frankreichkarte auf. Im Hintergrund vier Männer, zum Teil in Uniform. Hitler does a war dance on top of a map of France; in the background presumably stand Goebbels, Himmler and Göring.

Nr. 66*
Bild 6,11: Das Volk steht auf, The people rise up
In einem Haus stehen Kanonen, Ziegelsteine und/oder Kugeln fliegen umher. Menschen rennen durch die Straße. Canons and bricks fly through the air; people run in the street.

Nr. 67*
Bild 6,12: Das Ende eines Führers, The end of the Führer
Hitler sitzt trinkend am Tresen im Restaurant, »drug-store« genannt. Hitler drinks while seated at a drugstore counter.

7. HITLERMAEDEL HILDA, Hitler maiden Hilda
Information: 18 Blatt, davon 9 Zeichnungen, 9 Titel, numeriert, geordnet, im Ringbuch. – 18 sheets, 9 drawings, 9 titles, numbered, arranged in spiral notebook

Nr. 68*
Bild 7,1: Fröhlicher Auszug, Joyous exodus
Mädchen der Hitlerjugend ziehen winkend an Nationalsozialisten, die einen Gefangenen quälen, vorbei. Hitler youth girls wave to National Socialists who are tormenting their prisoner.

Nr. 69*
Bild 7,2: Fruchtbare Arbeit, Fruitful labor
Ein Nazioffizier turtelt mit einem Mädchen der Hitlerjugend, während Gefangene unter Aufsicht auf dem Feld arbeiten. A Nazi officer flirts with a Hitler youth girl while prisoners toil under guard in the fields.

Nr. 70*
Bild 7,3: Die überlebte Generation, The survived generation
Eine Frau mit einer Mütze mit Hakenkreuz steht, ein Baby in den Armen, im Eßzimmer. Eine ältere Frau sitzt am Tisch, ein älterer Mann zeigt mit dem Finger auf die junge Frau. Es hängt ein Porträt von Kaiser Wilhelm II. an der Wand. In a dining room a woman wearing a hat with a swastika holds a baby in her arms; an old woman sits at the table, an old man points his finger at the young woman. A portrait of Kaiser William II hangs on the wall.

Nr. 71*
Bild 7,4: In der Höhle des Kapitalismus, In the hell of capitalism
In einer Bank oder einem Büro arbeiten verschiedene Personen am Schreibtisch oder am Empfang. In a bank or office people work at their desks or the reception.

Nr. 72*
Bild 7,5: Heimgefunden, Found a home
Nationalsozialisten vergnügen sich mit Frauen, während ein Mädchen der Hitlerjugend eintritt. Im Hintergrund hängt ein Porträt Hitlers. National Socialists cavort with women, while a Hitler youth maiden enters the room; a portrait of Hitler hangs in the background.

Nr. 73*
Bild 7,6: Nach Frankreich, motorisiert, Driving to France
Truppen von Soldaten und Panzer ziehen die Straße entlang. Ein Schild zeigt Richtung Frankreich. Soldiers and tanks roll down the street; a road sign points in the direction of France.

Nr. 74*
Bild 7,7: Im unterworfenen Paris, In conquered Paris
Ein Mädchen der Hitlerjugend spricht zu einem exotisch gekleideten Mann. Andere National-sozialisten gehen spazieren. A Hitler youth girl speaks to an exotically dressed man; other Nazi officers take a walk.

Nr. 75*
Bild 7,8: Ausgestoßen wegen Rassenschande, Race scandal outcast
Ein Mädchen der Hitlerjugend steht vor dem Richtertisch, im Hintergrund hängt ein Porträt des drohenden Hitler. A Hitler youth maiden stands before a judge; a threatening portrait of Hitler hangs on the wall in the background.

Nr. 76*
Bild 7,9: Gestrandet in Marseille, Stranded in Marseille
Das Mädchen der Hitlerjugend steht auf der Straße und wird von einem Mann angesprochen. Im Hintergrund stehen Prostituierte und Matrosen. The Hitler youth maiden talks to a "trick" on the street; prostitutes and sailors stand in the background.

8. VOM LASTER ZUR TUGEND, From vice to virtue
Information: 15 Blatt, davon 15 Zeichnungen, zwar numeriert, doch nicht nach den Nummern geordnet, im Ringbuch. – 15 sheets, 15 drawings, numbered but not arranged in order in spiral notebook.

Nr. 77*
Bild 8,15: Ende gut alles gut. All's well that ends well. Bildüberschrift steht zusammen mit dem Titel VOM LASTER ZUR TUGEND auf dem Titelblatt. Title of image appears between the title FROM VICE TO VIRTUE on the cover sheet.
In einer Bäckerei verkaufen ein Mann und eine Frau Brote, ein Junge stiehlt ein Brot. Im Hintergrund sieht man in eine Wohnung. A man and a woman buy bread in a bakery while a boy steals a loaf; in the background a man looks into an apartment.

Nr. 78
Bild 8,14: Fieber, Fever
Eine Frau liegt auf einem Sofa, verschiedene Szenen, z.B. ein tanzendes Paar, ein Skelett auf einer Bühne, vermutlich Fieberhalluzinationen, sind im Hintergrund zu sehen. A naked woman lying on a couch hallucinates various scenes, including a couple dancing and a skeleton on a stage.

Nr. 79
Bild 8,13: 6 Monate mit Bewährungsfrist, Six months probation
Ein Mann wird verhaftet. Eine nackte Frau sitzt auf einem Stuhl. Ein anderer Mann liegt tot am Boden. Mehrere Polizisten und Schaulustige stehen im Hintergrund und in der Tür. A man is taken into custody while a nude woman sits on a chair; another man lies dead on the floor with several onlookers and police watching from the door.

Nr. 80
Bild 8,12: Der Unglücksfall, Misfortune
Ein bewaffneter Mann nähert sich einer Frau und einem Mann im Bett, beide nackt, und zielt mit einer Pistole auf sie. An armed man approaches a naked woman and man in bed and points a gun at them.

Nr. 81
Bild 8,11: Massagesalon für Damen, Ladies massage parlor
Im Bordell sitzen im Vordergrund zwei Frauen, ein Mann steht daneben. Im Hintergrund sieht man mehrere Paare beim Geschlechtsverkehr. Two women sit in a bordello with a man standing

nearby; in the background several couples make love.

Nr. 82
Bild 8,10: Die Käuferin, The buyer
Eine halbbekleidete Frau sitzt in einem Sessel und spricht mit einem Mann. Neben ihr steht eine andere Frau, im Hintergrund ein Bett. A semi nude woman sits talking to a man, next to her stands a woman; a bed is in the background.

Nr. 83
Bild 8,4: Trauer, In mourning
Während einer Beerdigung tanzt eine nackte Frau auf einem Sarg. During a funeral a naked woman dances on top of a coffin.

Nr. 84
Bild 8,3: Daheim, At home
Eine leichtbekleidete Frau sitzt mit zwei Männern am Tisch. A scantily clothed woman sits with two men at a table.

Nr. 85*
Bild 8,7: Ein General, A general
Ein Mann tritt einen anderen aus dem Zimmer, in welchem eine nackte Frau auf dem Bett kauert und die Szene beobachtet. Eine andere Frau steht im Hintergrund. A man kicks a semi nude man out of the room; a naked, cowering woman watches from the bed; a dressed woman stands in background.

Nr. 86
Bild 8,8: Versöhnung, Reconciliation
Eine nackte Frau liegt auf dem Bett, ein bekleideter Mann sitzt neben ihr. A naked woman lies on a couch with a dressed man seated next to her.

Nr. 87*
Bild 8,2: Irrtum des Präsidenten, Presidential error
Ein Mann gibt einer nackten Frau vermutlich Geld. Sie werden von einer Frau und einem Mann beobachtet. A man hands money to a naked woman while a dressed man and woman watch.

Nr. 88
Bild 8,1: Erste Vorführung, First exhibition
Nackte Frauen stehen auf einer langen Bühne, Männer und Frauen sitzen im Publikum. A group of nude women stand on a large stage; men and women sit in the audience.

Nr. 89
Bild 8,9: Letzte Vorführung, Last exhibition
Eine nackte Frau steht mit einem bekleideten Mann vor einem Publikum auf der Bühne. A naked woman stands on small stage with a dressed man; men and women sit in the audience.

Nr. 90*
Bild 8,5: Höhe des Lebens, The height of life
Ein Paar tanzt im Vordergrund, andere Paare sitzen an Tischen oder tanzen im Hintergrund. A couple dances in the foreground; other couples are seated at tables or dance in the background.

Nr. 91*
Bild 8,6: Bittere Reue, Bitter remorse
Ein Mann kniet zu Füßen einer stehenden nackten Frau, ein anderer Mann gibt ihr eine Halskette. Eine weitere Frau beobachtet die Szene. A man kneels at the feet of a standing nude woman while another man gives her a necklace; a second woman watches.

9. VARIÉTÉ, Vaudeville
Information: 30 Blatt, davon 30 Zeichnungen, letzte Zeichnung = Titelblatt, unnumeriert, ungeordnet, alle ohne Titel. – 30 sheets, 30 drawings, last drawing is the cover sheet, unnumbered, not arranged, all without titles.

Nr. 92*
Bild 9,1: ohne Titel (ein schmales Stück Aluminiumfolie wurde auf die Zeichnung geklebt), Untitled (a small piece of aluminum foil is glued to the drawing)
Eine Frau liegt in einer Gondel, ein Gondoliere fährt sie. A woman reclines in a gondola with a gondolier.

Nr. 93*
Bild 9,2: ohne Titel, Untitled
Eine Frau tanzt halbbekleidet auf einer Bühne, vier halbbekleidete Frauen um sie herum. A topless woman dances on a stage. four topless women sit and stand on a stage.

Nr. 94*
Bild 9,3: ohne Titel, Untitled
Vier halbnackte Frauen sitzen und stehen auf der Bühne. Four topless women sit and stand on a stage.

Nr. 95*
Bild 9,4: ohne Titel, Untitled
Drei Frauen führen akrobatische Kunststücke vor. Three female acrobats perform on a stage.

Nr. 96*
Bild 9,5: ohne Titel, Untitled
Zwölf nackte Frauen tanzen in einer Reihe auf der Bühne. Twelve nude women dance in a line on a stage.

Nr. 97*
Bild 9,6: ohne Titel, Untitled
Zwei Frauen kämpfen vor Publikum. Two women fight in front of an audience.

Nr. 98*
Bild 9,7: ohne Titel, Untitled
Zwei Clowns stehen auf der Bühne, einer mit einer halbnackten Frau unter dem Arm. Two clowns stand on a stage; one holds a topless woman.

Nr. 99*
Bild 9,8: ohne Titel, Untitled
Ein Mann steht mit vier Frauen auf der Bühne. A man stands with four women on a stage.

Nr. 100*
Bild 9,9: ohne Titel, Untitled
Eine singende Frau steht mit zwei Männern und einer Frau als Publikum auf der Bühne. A singing woman stands on a stage with two men and one woman as an audience.

Nr. 101*
Bild 9,10: ohne Titel (die Bälle sind mit Folie beklebt), Untitled (the balls are covered with aluminum foil)
Ein Jongleur führt mit Bällen Kunststücke auf der Bühne vor. Neben ihm steht seine Assistentin. A man juggles balls on a stage with a female assistant.

Nr. 102*
Bild 9,11: ohne Titel, Untitled
Zwei Clowns und zwei Akrobatinnen stehen auf der Bühne. Two clowns and two female acrobats stand on a stage.

Nr. 103*
Bild 9,12: ohne Titel, Untitled
Zwei Männer halten eine Frau im Abendkleid in waagerechter Linie auf ihren Armen. A woman dressed in an evening gown is held horizontally by two men.

Nr. 104*
Bild 9,13: ohne Titel, Untitled
Zwei Männer wirbeln eine Frau mit Abendkleid durch die Luft. Two men throw a woman wearing an evening gown through the air.

Nr. 105*
Bild 9,14: ohne Titel, Untitled
Ein Mann führt mit der Frau im Abendkleid akrobatische Kunststücke vor. A man does acrobatics with a woman dressed in an evening gown.

Nr. 106*
Bild 9,15: ohne Titel, Untitled
Ein Mann mit Hut steht neben einer halbbekleideten und einer turnenden Frau. A man with a hat stands next to two semi nude women doing gymnastics.

Nr. 107*
Bild 9,16: ohne Titel, Untitled
Ein Paar blickt sich in die Augen, ein anderes Paar führt akrobatische Kunststücke vor. One couple looks at each other, another one does acrobatics.

Nr. 108*
Bild 9,17: ohne Titel, Untitled
Zwei Künstler und ein Clown führen Hochseil-akrobatik vor. Two women and a clown perform a tightrope act.

Nr. 109*
Bild 9,18: ohne Titel (Zeichnung zum Teil mit Folie beklebt), Untitled (drawing partially covered with foil)
Fünf Frauen stehen auf und vor einer Treppe, drei davon sind nackt. Five women stand on or near stairs; three of them are nude.

Nr. 110*
Bild 9,19: ohne Titel, Untitled
Fünf nackte Frauen führen akrobatische Kunststücke vor. Ein Clown schaut im Hintergrund durch ein Fenster. Five nude women do acrobatics on a stage; a clown watches in the background through a window.

Nr. 111*
Bild 9,20: ohne Titel, Untitled
Hinter der Bühne stehen ein Clown, ein Paar, mehrere nackte bzw. halbbekleidete Frauen etc. A clown, a couple, and several semi nude woman stand backstage.

Nr. 112*
Bild 9,21: ohne Titel (auf dem Bühnenvorhang klebt Folie), Untitled (foil covers the curtains)
Fünf nackte Frauen stehen auf der Bühne mit einem Engelchen und einem Teufelchen als Puppen an der Seite. Five nude women stand on a stage; at the side is a small devil and angel puppet.

Nr. 113*
Bild 9,22: ohne Titel, Untitled
Drei halbnackte Frauen umgarnen einen bekleideten Mann. Three semi nude women cavort with a dressed man.

Nr. 114*
Bild 9,23: ohne Titel, Untitled
Auf der Bühne werden ein Clown und ein Mann mit Peitsche von einer Kuh getreten. Dazu spielt ein Orchester im Graben. A clown, man, and cow stand on a stage; an orchestra plays in the pit.

Nr. 115*
Bild 9,24: ohne Titel, Untitled
Drei nackte Frauen führen Kunststücke auf der Bühne vor. Three nude women do acrobatics on a stage.

Nr. 116*
Bild 9,25: ohne Titel, Untitled
Vier Männer singen. Four men sing.

Nr. 117*
Bild 9,26: ohne Titel, Untitled
Ein Bauchredner sitzt mit seiner Puppe an einem Tisch auf der Bühne vor großem Publikum. A ventriloquist and his dummy sit at a table in front of a large audience.

Nr. 118*
Bild 9,27: ohne Titel (viele Folienstücke sind aufgeklebt, außerdem bestehen rote Hervorhebungen), Untitled (many pieces of foil are used plus red colored pencil highlights)
Eine nackte Frau lehnt sich auf einem Sessel zurück. A nude reclines.

Nr. 119*
Bild 9,28: ohne Titel, Untitled
Halbnackte Frau steht in einer Nische, wovor ein Mann im Frack steht. A topless woman stands in an alcove in front of a man in tails.

Nr. 120*
Bild 9,29: ohne Titel, Untitled
Mann und zwei Frauen stehen auf der Bühne, ein Mann liegt vor ihnen. Zuschauer beobachten sie. A man and two women stand on stage with a man lying in front; a large audience watches.

Nr. 121*
Bild 9,30: ohne Titel, Untitled
Ein Mann spielt Klavier, eine Frau singt, dem Publikum zugewandt. Der Titel der Serie »Variété« ist auf der Rückseite dieses Blattes. A man plays the piano, while a woman sings to the audience. The title of the series "Variété" on the verso of this sheet.

10. LES RENCONTRES, Die Begegnungen, The encounters
Information: 22 Blatt, davon 22 Zeichnungen, numeriert, geordnet. Auf dem letzten Bild steht das Datum 27. März 1942. – 22 sheets, 22 drawings, numbered, arranged. On the last drawing is the date March 27, 1942.

Nr. 122*
Bild 10,1: (Titelblatt): AU JARDIN, Im Park, (Cover sheet): In the park
Frauen und Männer gehen im Park spazieren. Men and women walk in a park.

Nr. 123*
Bild 10,2: LA RENCONTRE FUNEBRE, Begegnung mit dem Tod, Encounter with death
Ein Mann und eine Frau stehen in Trauerkleidung vor dem Beerdigungsinstitut Grieneisen, Berlin. A man and a woman in mourning stand in front of the Berlin Grieneisen funeral parlor.

Nr. 124*
Bild 10,3: mois de mai 1893, Mai 1893, May 1893
Männer und Frauen sitzen unter dem Schirm des Café Mazarin. Men and women sit at the outdoor Café Mazarin.

Nr. 125*
Bild 10,4: LE FANTÔME, Das Trugbild, Illusion
Eine Frau sitzt auf der Toilette, ein Mann tritt durch die Tür. A woman uses the W.C.; a man opens the door and enters.

Nr. 126*
Bild 10,5: UNE RENCONTRE DANS LA BONNE SOCIÉTÉ 1885, Eine Begegnung in der guten Gesellschaft 1885, High society encounter 1885
Eine Frau in Abendkleid und Mantel richtet eine Pistole auf einen Mann im Nachthemd, der neben einer Frau im Bett steht. A woman in an evening gown and coat points a pistol at man in his nightshirt next to another woman in bed.

Nr. 127*
Bild 10,6: LA RENCONTRE AVEC LES RICHES, Die Begegnung mit den Reichen, Encounter with the wealthy
Eine Frau nähert sich auf der Straße einem Arm in Arm gehenden gutgekleideten Paar. A woman approaches a well-dressed couple walking arm-in-arm down the street.

Nr. 128*
Bild 10,7: FASCINATION 1911, Faszination 1911, Fascination 1911
Frauen und Männer sitzen an Tischen in einer Bar. Men and women sit at tables in a bar.

Nr. 129*
Bild 10,8: BONJOUR CHÉRI 1900, Good day darling, 1900
Zwei Frauen sitzen mit Hüten und aufwendigen Kleidern an einem Tisch. Two women with hats and fancy clothes sit at a table.

Nr. 130*
Bild 10,9: UNTER DEN LINDEN 1910 - 3 UHR FRÜH, Unter den Linden – 3 o'clock in the morning
Männer und Frauen gehen auf der Straße spazieren, im Hintergrund fährt eine Kutsche. Viele Menschen sitzen in Restaurants und Cafés. Men and women walk along the street; in the background is a horse and carriage and many people seated at outdoor restaurants and cafes.

Nr. 131*
Bild 10,10: ohne Titel, Untitled
In einem mit Kerzen erleuchteten Raum halten sich ein Mann und eine Frau an den Händen. Auf einer Kommode im Hintergrund liegt ein Totenkopf. A man and woman hold hands in a room illuminated by candlelight; a skull rests on a chest of drawers in the background.

Nr. 132*
Bild 10,11: UN RÉCIDIVISTE, Ein Rückfälliger, A recidivist
Ein Mann zielt im Arbeitszimmer mit einer Pistole auf eine nackte Frau und einen Mann, die einen Tresor geöffnet haben. In a study a man points a pistol at a nude woman and man.

Nr. 133*
Bild 10,12: COUCOU
Ein Mann küßt Coucou auf den Nacken. A man kisses a woman on the nape of her neck.

Nr. 134*
Bild 10,13: UN BÉGUIN DE BERTHE, Eine Liebschaft von Berthe, Berthe's liaison
Eine Frau zieht sich am Fuß eines Bettes ihr Kleid über, neben ihr steht ein halbnackter Mann. At the foot of a bed a nude woman removes her dress next to shirtless man.

Nr. 135*
Bild 10,14: LA RENCONTRE CHEZ LA MASSEUSE, Die Begegnung bei der Masseuse, Encounter at the masseuse
Eine elegant gekleidete Dame nähert sich verärgert einer nackten Frau und einem halbnackten Mann. An elegantly dressed woman angrily approaches a naked woman and a semi naked man.

Nr. 136*
Bild 10,15: LES RENCONTRES NOCTURNES, Die nächtlichen Bekanntschaften, Nocturnal encounters
Eine Frau zeigt einem Mann auf der Straße die Zunge, eine andere Frau schaut ihr zu. A woman sticks her tongue out at a man as another woman watches.

Nr. 137*
Bild 10,16: LA TRISTE RENCONTRE, Die traurige Begegnung, A sorrowful encounter
Eine Frau und ein Mann liegen nackt im Bett, ein anderer Mann beobachtet sie von der Tür aus. A woman and man lie naked in bed while another man watches them from the doorway.

Nr. 138*
Bild 10,17: JEUNE FILLE À MARIER, Junges Mädchen im heiratsfähigen Alter, A young girl of marriageable age
Drei halbbekleidete Frauen stehen vor einem Mann, eine nackte Frau tritt in das Zimmer. Three partially dressed women stand in front of man while a nude woman comes into the room.

Nr. 139*
Bild 10,18: LE FIANCÉ, Der Verlobte, The Fiancé
Drei halbbekleidete Frauen umgarnen einen bekleideten Mann. Three half-clothed women ensnare a man on a couch.

Nr. 140*
Bild 10,19: L'HOMME À FEMMES, Der Frauenheld, Lady-killer
Ein Mann steht vor mehreren sitzenden Frauen. A man stands in front of many seated women.

Nr. 141*
Bild 10,20: L'OGRE! et le PETIT POUCET, Der Menschenfresser! und der Däumling, Ogre and Tom Thumb
Ein Menschenfresser hält unter einem Baum stehend ein Mädchen fest, zwei andere Mädchen und ein Junge sehen beunruhigt zu. Under a tree an ogre holds a girl tight while two other girls and a boy watch nervously.

Nr. 142*
Bild 10,21: LE CHÂTEAU, Das Schloß, The castle
Eine Frau steht auf einer Schaukel, ein Mann gibt ihr Schwung. Im Hintergrund liegt ein Schloß. A man pushes a woman who is standing on a swing; in the background is a castle.

Nr. 143*
Bild 10,22: LES FÉLICITATIONS DES MUSES, Die Glückwünsche der Musen, Congratulations of the muses
Drei Frauen stehen draußen beisammen, eine ist nackt, die anderen leichtbekleidet. Three women stand together outdoors; one is nude, the others are lightly dressed.

BOX 2

11. UNE JOURNÉE AVEC LES PERSONNES DU SEXE, Ein Tag mit dem schönen Geschlecht, A day with courtesans
Information: 30 Blatt, davon 29 Zeichnungen, ein Titelblatt, unnumeriert, geordnet, ein Brief mit dem Warner Brothers-Briefkopf (Rückseite v. à 1 heure du matin) vom 10. 4. 1941. – 30 sheets, 29 drawings, 1 cover sheet, unnumbered, arranged, with a letter with Warner Brothers letterhead, image no. 11.15 from April 10, 1941.

Nr. 144
Titelblatt: UNE JOURNÉE AVEC DES PERSONNES DU SEXE, Ein Tag mit dem schönen Geschlecht, Cover sheet: A day with courtesans

Nr. 145
Bild 11,1: en promenade, à 17 heures, Beim Spaziergang, um 17 Uhr, Out for a walk at 5 o'clock
Fünf Frauen sitzen und stehen am Tisch. Five women sit or stand at a table.

Nr. 146
Bild 11,2: l'heure du dîner, Zeit zum Abendessen, Dinner hour
Drei halbnackte Frauen sitzen um einen Mann herum. Three topless women sit at a table with a dressed man.

Nr. 147
Bild 11,3: au LEVER, Beim Aufstehen, Rise and shine
Eine halbbekleidete Frau beobachtet eine nackte Frau und einen bekleideten Mann, die am Frühstückstisch sitzen. Im Hintergrund steht ein zerwühltes Bett. A partially dressed woman faces a nude woman and man at a breakfast table; an unmade bed is in the background.

Nr. 148
Bild 11,4: LA REVANCHE, Die Revanche, Revenge
Zwei Frauen und ein Mann lieben sich auf dem Bett. Two women and a man make love in bed.

Nr. 149*
Bild 11,5: LES NOCTAMBULES, Die Nachtschwärmer, Night owls
Drei Frauen sitzen im Restaurant am Tisch, ein Ober steht im Hintergrund. Three women are seated at a restaurant; a waiter stands in the background.

Nr. 150
Bild 11,6: les clients, à 21 heures, Die Kunden, um 21 Uhr, Customers at 9 in the evening
Drei Prostituierte beschäftigen sich mit ihren Freiern. Three prostitutes busy themselves with their customers.

Nr. 151
Bild 11,7: LA GRASSE MATINÉE, Der faule Vormittag, Lazy morning
Zwei Frauen und ein Mann liegen im Bett. Two nude women and a nude man lie in bed.

Nr. 152
Bild 11,8: le soir, Der Abend, The evening
Vier halbbekleidete Frauen sitzen und stehen. Four semi nude women sit or stand.

Nr. 153
Bild 11,9: 15 heures – PASSE-TEMPS D'APRES-MIDI, 15 Uhr – Zeitvertreib am Nachmittag, Killing time at 3 in the afternoon
Drei nackte Frauen und ein nackter Jüngling sitzen und liegen im Schlafzimmer. Three nude women and a nude youth sit and lie in a bedroom.

Nr. 154
Bild 11,10: à 13 heures, Um 13 Uhr, At 1 pm
Sieben spärlich bekleidete Frauen sitzen am Tisch und essen. Seven scantily dressed women sit at a table and eat.

Nr. 155
Bild 11,11: 14 heures LE PATRON, 14 Uhr Der Chef, 2 o'clock the boss
Vier nackte Frauen sitzen im Vordergrund, zwei davon umgarnen einen Mann. Andere Frauen sitzen und stehen im Hintergrund. Four naked women stand in the foreground while two of them ensnare a man; other women sit and stand in the background.

Nr. 156
Bild 11,12: LE SOPHA, à 22 heures, Das Sofa, um 22 Uhr, The sofa at 10 o'clock at night
Zwei spärlich bekleidete Frauen und ein Mann im Anzug sitzen auf dem Sofa. Ein anderer Mann steht dahinter. Two semi nude women and a suited man sit on a sofa; another man stands behind them.

Nr. 157
Bild 11,13: à 23 heures, Um 23 Uhr, 11 o'clock at night
Zwei nackte Frauen sitzen mit einem Mann im Anzug auf dem Sofa. Two naked women sit on a sofa with a man in his suit.

Nr. 158
Bild 11,14: à 24 heures, Um 24 Uhr, Midnight
Eine nackte Frau hält einen bekleideten Mann an der Hand, im Hintergrund sitzen drei Männer auf einem Sofa. A nude woman holds hands with a dressed man while three men sit on a sofa in the background.

Nr. 159*
Bild 11,15: à 1 heure du matin, Zur Morgenstunde, One o'clock in the morning
Eine nackte Frau führt einen Mann an der Hand. Zwei andere nackte Frauen sitzen auf dem Sofa. (Das Bild ist auf die Rückseite eines Briefes mit dem Logo »Warner Bros.« gezeichnet. Der Brief stammt von Jerome Lachenbruch und ist auf den 10. April 1941 datiert.) A nude woman leads a man by the hand; two other naked women sit on a sofa. (The drawing is on the back of a letter on Warner Brothers letterhead to Heinrich Mann from Jerome Lachenbruch dated April 10, 1941.)

Nr. 160
Bild 11,16: LES PERSONNE DU SEXE, Das schöne Geschlecht, The fair sex
Eine nackte Frau sitzt auf dem Sofa. A nude woman sits on a sofa.

Nr. 161
Bild 11,17: FIN DE DÎNER, Ende des Abendessens, Dinner is over
Drei halbbekleidete Frauen und zwei Männer sitzen und stehen um einen gedeckten Tisch herum. Eine Frau hat die Beine auf den Tisch gelegt. Three topless women and two men sit and stand around a dinner table; a woman rests both her feet on the table.

Nr. 162
Bild 11,18: Causerie à 3 heures du matin après fermeture, Plauderei um 3 Uhr morgens nach Feierabend, Gossiping at 3 a.m. after work
Drei nackte Frauen und zwei Männer unterhalten sich. Two men and three nude women chat around a table.

Nr. 163
Bild 11,19: 4 heures du matin, suite à la causerie, 4 Uhr morgens, im Anschluß an die Plauderei, Following the gossip at 4 in the morning
Ein nackter Mann betrachtet eine nackte Frau auf der Couch. A nude man faces a naked woman on the couch.

Nr. 164
Bild 11,20: 17 heures madame est suivie, 17 Uhr Madame wird begleitet, 5 o'clock in the afternoon Madame is accompanied
Ein Mann folgt einer Frau die Treppe hinauf. Oben sitzt eine Frau an der Kasse. A man follows a woman upstairs; at the top a woman sits as a cashier.

Nr. 165
Bild 11,21: au grand salon, LE BAL, Im großen Salon, der Ball, In the grand room, the ball
Nackte Frauen und bekleidete Männer tanzen im Ballsaal. Nude women and clothed men dance in the ballroom.

Nr. 166
Bild 11,22: 6 heures. Partir, c'est un peu mourir. 6 Uhr. Fortgehen ist ein wenig sterben, Parting is such sweet sorrow
Zwei Frauen und ein Mann sitzen auf der Couch, ein anderer Mann bricht mit einer Frau auf. Two women and a man sit on a couch while another man and woman prepare to leave.

Nr. 167
Bild 11,23: A LA DIANE DU MATIN IL N'EN RESTE Q'UN PANTIN, Morgens bei Diane bleibt nichts außer einem Hampelmann, In the morning at Diane's nothing is left except a jumping jack toy
Eine halbbekleidete Frau sitzt auf dem Sofa, zu ihren Füßen schläft ein Mann im Anzug. A semi nude woman sits on a couch with a clothed man asleep at her feet.

Nr. 168
Bild 11,24: Pourquoi me réveiller au souffle du printemps, Warum sollte ich beim Hauch des Frühlings erwachen, Why should I awake at the breath of spring?
Ein Mann und eine Frau lieben sich auf dem Bett. A nude couple makes love in bed.

Nr. 169
Bild 11,25: Shéhérazade, Scheherazade
Ein Mann liegt im Bett, eine Frau sitzt neben ihm. A man lies in bed, a woman sits next to him.

Nr. 170
Bild 11,26: 16 heures on se fait une beauté, 16 Uhr man macht sich schön, 4 o'clock in the afternoon, time to get pretty
Eine Frau sitzt in der Badewanne, eine andere trägt vor dem Spiegel Make-up auf. A woman takes a bath while another applies makeup in front of a mirror.

Nr. 171
Bild 11,27: 15 heures – LES FURIES, 15 Uhr – Die Furien, 3 o'clock – the furies
Drei halbnackte Frauen mit Ketten und Peitschen stehen über einem Mann, der auf allen vieren kniet. Three semi nude women with whips and chains standing over man on his hands and knees.

Nr. 172
Bild 11,28: PARTIE DE PLAISIR, Vergnügungen, Pleasure
Zwei nackte Frauen tanzen und hüpfen, eine andere Frau sitzt auf einem Sessel. Ein Mann übergibt sich vor ihr, ein anderer sitzt am Tisch. Two nude women dance and cavort and one woman sits on a chair; a man vomits near her and another sits at the table.

Nr. 173
Bild 11,29: LE SPECTACLE, Die Vorstellung (Rote Hervorhebungen), Performance (red highlights)
Nackte Frauen tummeln sich auf einer Bühne, neun Männer schauen ihnen zu. Nude women cavort on a stage while nine seated men watch.

12. LES DÎNEURS, Die Tischgäste, The Dinner guests
Information: 19 Blatt, davon 19 Zeichnungen, unnumeriert, ungeordnet. – 19 sheets, with 19 drawings, unnumbered, not arranged.

Nr. 174*
Bild 12,1 (Titelbild): LES DÎNEURS, Die Tischgäste, (Title image): The Dinner guests
Porträt einer Frau. Portrait of a woman.

Nr. 175*
Bild 12,2: LES PROFESSEURS, Die Professoren, The professors
Ein Mann hält am Tisch eine Rede, ein Liebespaar liegt im Bett eines hinteren Raums. A man gives a lecture from a table, in the background a couple makes love on a bed.

Nr. 176*
Bild 12,3: LA NOCE, Die Hochzeitsfeier, Wedding feast
Männer und Frauen feiern ein ausschweifendes Fest. Men and women dine excessively at a table.

Nr. 177*
Bild 12,4: CHEZ LES RICHES, Bei den Reichen, With the rich
Elegant gekleidete Männer und Frauen sitzen um einen festlich gedeckten Tisch. Elegantly dressed men and women dine at a festive table.

Nr. 178*
Bild 12,5: LA MANSARDE, Die Mansarde, Mansard
Männer und leichtbekleidete Frauen feiern um einen Tisch ein ausschweifendes Fest. Men and women cavort at a table.

Nr. 179*
Bild 12,6: LES MISÉRABLES, Die Elenden, The wretched
Ein Mann sitzt an einem bescheiden gedeckten Tisch, eine Frau und ein Mädchen stehen bei der Tür. A man sits at a humble table; a woman and girl stand by the door.

Nr. 180*
Bild 12,7: LES BOURGEOIS, Die Bürgerlichen, The bourgeois
Eine mit Bluse und Schürze bekleidete Frau serviert das Abendessen. A woman dressed in an apron and blouse serves dinner.

Nr. 181*
Bild 12,8: DÎNER-CONCERT, Abendessen mit Konzert, Dinner concert
Eine elegant gekleidete Frau singt im Restaurant. An elegantly dressed woman sings in a restaurant.

Nr. 182*
Bild 12,9: LA SAINT-SYLVESTRE, Silvester, New Year's Eve
Frauen und Männer sitzen im Restaurant. Ein Kellner bedient sie. Women and men sit in a restaurant served by a waiter.

Nr. 183*
Bild 12,10: LES HOMMES DE LETTRES, Die Schriftsteller, Writers
In einer Hausbibliothek sitzen Schriftsteller bei Baguette und Wein zusammen. In a private library intellectuals dine on baguettes and wine.

Nr. 184*
Bild 12,11: LE BISTRO DU PORT, Das kleine Restaurant am Hafen, Harbor restaurant
In einem Bistro sitzen Frauen und Männer zusammen. Durch die geöffnete Tür ist der Hafen zu sehen. In a restaurant women and men sit together; a view of the harbor is seen through the open door.

Nr. 185*
Bild 12,12: AVEC LA PRINCESSE, Mit der Prinzessin, With the princess
Zwei Frauen und drei Männer sowie eine Frau mit einer Krone sitzen beim Liebesspiel um einen festlich gedeckten Tisch. Two women, three men and a crowned woman make love at a festive dining table.

Nr. 186*
Bild 12,13: LE DÎNER DES ASSASSINS, Das Abendessen der Mörder, Dinner with murderers
Nackte und bekleidete Frauen und Männer sitzen und stehen beim Liebesspiel um einen Tisch. Eine Person hält ein Messer in ihren Händen, ein Mann sticht einem anderen Mann ein Messer in den Rücken. Naked and dressed women and men make love at the table; a woman holds a knife in her hands, another man stabs a man in the back.

Nr. 187*
Bild 12,14: LE DÎNER INTERROMPU, Das unterbrochene Abendessen, The interrupted dinner
Eine Frau sitzt am Tisch, ein Mann im Anzug versteckt sich hinter ihr. Ein weiterer Mann in Frack und Zylinder zielt vermutlich mit einer Pistole auf das Paar. A woman sits at the table with a suited man hiding behind her; another man in a top hat and tails points a pistol at the couple.

Nr. 188*
Bild 12,15: LE DÎNER LES AMOUREUX, Das Abendessen Die Liebenden, Lover's dinner
Eine nackte Frau und ein nackter Mann sitzen auf einem Bett mit einem Tablett auf ihrem Schoß. A naked woman and man sit in bed with a dinner tray on their laps.

Nr. 189*
Bild 12,16: LE DÎNER TRAGIQUE, Das tragische Abendessen, Tragic dinner
Eine halbnackte Frau steht vor einem zusammengesunkenen Mann, ein Paar sitzt jubelnd im Hintergrund. A semi dressed woman stands over a hunched man in a chair; a couple cheers in the background.

Nr. 190*
Bild 12,17: LE DÎNER DU PETIT JEUNE HOMME, Das Abendessen des kleinen jungen Mannes, The little man's dinner
Ein Mann und eine Frau sitzen um einen Tisch, eine andere Frau liegt nackt auf dem Sofa, eine dritte trägt vor einem Spiegel Lippenstift auf. A man and a woman sit at the table, another woman lies naked on the sofa, and a third women applies lipstick in mirror.

Nr. 191*
Bild 12,18: CES DAMES ONT DINÉ, Diese Damen haben gespeist, The ladies dine
Vier nackte Frauen tummeln sich auf dem Sofa. Auf dem Boden liegen viele Flaschen und Gläser. Four nude women cavort on a couch; many wine bottles and glasses cover the floor.

Nr. 192*
Bild 12,19: LE DÎNER DES ENFANTS, Das Abendessen der Kinder, The children's dinner
Vier Paare drängen sich beim Liebesspiel um einen Tisch. Four cavorting couples make love around the table.

13. SCENES DE LA VIE DE FAMILLE, Szenen des Familienlebens, Scenes of family life
Information: 13 Blatt, davon 12 Zeichnungen und ein Titelblatt, Folge und Nummern der Zeichnungen sind unklar, ohne Titel. – 13 sheets, with 12 drawings and 1 cover sheet, order and numbering uncertain, with titles.

Nr. 193
Bild 13,1: Titelblatt: »LA MOLLESSE EST DELICIEUSE, MAIS LES SUITES EN SONT TERRIBLES«, Die Trägheit ist angenehm, aber die Folgen sind schrecklich. Cover sheet: Idleness is pleasant but the consequences are terrible.

Nr. 194
Bild 13,2: ohne Titel (rote Hervorhebungen), Untitled (red colored pencil highlights)
Zwei nackte Frauen und zwei Männer im Anzug sitzen am Tisch. Two nude women and two suited men sit at a tea table.

Nr. 195
Bild 13,3: ohne Titel (rote Hervorhebungen), Untitled (red colored pencil highlights)
Ein Paar liegt beim Liebesspiel vor einem Spiegel im Bett. A nude couple makes love on a bed in front of a mirror.

Nr. 196
Bild 13,4: ohne Titel (rote Hervorhebungen), Untitled (red colored pencil highlights)
Eine nackte Frau kniet beim Liebesspiel vor einem Mann, der am Schreibtisch sitzt. Zwei andere Frauen schauen von der Tür zu. A naked woman kneels making love at the feet of a man seated at a desk; two nude women watch from doorway.

Nr. 197
Bild 13,5: ohne Titel, Untitled
Elf Männer und acht Frauen sitzen um einen Tisch herum. Eleven men and eight women sit around a long dining table.

Nr. 198
Bild 13,6: ohne Titel (rote Hervorhebungen), Untitled (red colored pencil highlights)
Zwei nackte Frauen und ein junger Mann sitzen und stehen beim Liebesspiel. Two naked women and one nude young man cavort.

Nr. 199
Bild 13,7: ohne Titel, Untitled
Eine Frau singt zu Pianobegleitung, mehrere Männer und Frauen in eleganter Garderobe hören ihr zu. A woman sings accompanied by a piano; several men and women listen.

Nr. 200
Bild 13,8: ohne Titel, Untitled
Ein Mann küßt die Hand einer Frau, andere Gäste verlassen den Raum. A man kisses a woman's hand while guests take leave in the background.

Nr. 201
Bild 13,9: ohne Titel, Untitled
Eine nackte Frau steht vor einem Bett, ein Mann im offenen Hemd beobachtet sie. A nude woman gets ready for bed while a semi-clothed man watches her.

Nr. 202
Bild 13,10: ohne Titel (rote und blaue Hervorhebungen), Untitled (red colored pencil highlights)
Eine nackte Frau spricht zu einem Mann im Kleiderschrank, der seine Schuhe anzieht. A nude woman talks to man in a wardrobe who puts on his shoes.

Nr. 203
Bild 13,11: ohne Titel (rote Hervorhebungen), Untitled (red colored pencil highlights)
Eine Frau und ein Jüngling liegen nackt auf dem Bett, eine andere Frau steht davor. Vor dem Bett liegt ein schlafender oder toter Mann. A woman and a youth make love on a bed; another woman stands nearby, at the foot of the bed a man sleeps or is dead.

Nr. 204
Bild 13,12: ohne Titel, Untitled
Eine Frau und ein Jüngling liegen nackt auf dem Bett. Ein Mann liegt schlafend oder tot davor. Eine andere nackte Frau greift einen Mann an. A woman and youth lie naked on a bed; a dead or sleeping man lies in front, while another naked woman attacks a man.

Nr. 205
Bild 13,13: ohne Titel, Untitled
Ein Paar steht beim Liebesspiel vor einem gedeckten Tisch. Im Hintergrund stehen drei Särge mit einer Frau und zwei Männern. A woman and man stand in the foreground making love next to dinner table; in the background, one woman and two men lie in separate coffins.

14. FORTGESETZTER LEBENSWANDEL, Continued moral conduct

Information: 12 + 10 Blatt, davon 12 Zeichnungen, 10 Titel, numeriert und geordnet. – 12 plus 10 sheets, with 12 drawings, 10 titles, numbered and arranged.

Nr. 206
Bild 14,1: Die eheliche Pflicht, The duties of marriage
Ein Paar liebt sich auf einem Bett. Dahinter sitzt eine nackte Frau vor einem Spiegel. A couple makes love in bed; a nude woman sits at a vanity in background combing her hair.

Nr. 207
Bild 14,2: Die Schwiegermutter, Mother-in-law
Im Raum von Bild 1 liegt eine nackte Frau auf dem Bett, während sich nun der Mann und die andere Frau vor dem Spiegel lieben. In the same room as scene 14.1, a nude woman lies on the bed; a couple makes love in background by the mirror.

Nr. 208
Bild 14,3: nach getaner Arbeit (auf der Rückseite von 2), After work is done (picture on verso of 14.2.)
Ein Mann geht Arm in Arm mit zwei Frauen auf die geöffnete Tür einer Bar zu. A street scene with two women walking on either side of man near the entrance to a bar.

Nr. 209
Bild 14,4: bei »Sophie«, At "Sophie's"
Seitlich sitzen Paare an Tischen in Séparées, weitere Paare tanzen davor. An der anderen Seite sind eine Sängerin, ein Geigenspieler und ein Pianist zu sehen. A restaurant/bar scene with couples drinking at tables and dancing; on one side a singer, violinist, and pianist is shown.

Nr. 210
Bild 14,5: Das verkuppelte Kind, The pimped child
Eine Frau sitzt auf einem Bett, vor ihr sitzt ein Mann auf einem Stuhl und hält ihre Hand. Seitlich steht ein weiteres Paar hinter einem Vorhang und sieht zu. A woman sits on a bed, in front of her sits a man on a chair who holds her hand; a nude woman and man watch from behind a curtain.

Nr. 211
Bild 14,6: Vertrauensmißbrauch, Fradulence
Eine nackte Frau beugt sich über einen nackten Mann auf einem Bett; daneben stehen eine weitere Frau und ein Mann und schauen zu. A nude woman bends over a naked man on a bed; another man and woman watch.

Nr. 212*
Bild 14,7: Es wird immer döller, Things heat up
Ein Mann versetzt einem anderen, der einen Telefonhörer hält, einen Kinnhaken. Im Hintergrund steht eine halbnackte Frau und sieht zu, eine andere wendet sich ab. A man punches another man in the face; in the background two women watch.

Nr. 213
Bild 14,8: Endlich Familienleben, Family life at last
An einem Eßtisch in einem Wohnzimmer lieben sich zwei Paare. Two couples make love around a dinner table.

Nr. 214
Bild 14,9: Letzte Nacht, Final night
Ein nacktes Paar liegt schlafend auf einem Bett, davor schläft ein Mann in einem Sessel. Im Hintergrund liegt eine Frau in einem Bett und schläft. A nude couple sleeps in bed, in front of them sits a sleeping man; in the background another woman sleeps in different room.

Nr. 215
Bild 14,10: Der Gläubiger, Creditor

Ein Mann sitzt zwischen zwei kaum bekleideten Frauen auf Stühlen. Vor ihnen steht ein anderer Mann und hält einen Zettel in der Hand. Im Hintergrund sind ein Bett und ein gedeckter Tisch zu sehen. A man sits between two scantily dressed women, in front of them a man holds a bill in his hand; in the background a bed and set table are shown.

Nr. 216*
Bild 14,11: Die Knabenhändler, Dealer in boys
Zwei Männer mit Hüten stehen vor einem jungen Mann, der eine faßt den anderen bei der Schulter. Ein Mann mit Brille sitzt an einem Tisch und schaut zu. Im Hintergrund sind mehrere Paare und eine Bar zu sehen. Two men with hats stand in front of a youth, one of whom holds the youth by his shoulders; a man in glasses sits at a table and watches; in the background many couples and a bar are shown.

Nr. 217*
Bild 14,12: Peinliche Begegnung, Embarassing encounter
Vor einem Hotel hält ein Mann im Mantel einen jüngeren Mann am Arm fest, im Hintergrund steht ein Polizist vor einem Wagen, dazwischen andere Passanten. In front of a hotel a man wearing a coat holds the arm of a young man; in the background a police man stands; others watch.

15. LES VICIEUX, Die Lasterhaften, Immoral tendencies

Information: 30 Blatt, davon 29 Zeichnungen und ein Titelblatt (alle farbig außer Titel), unnumeriert, ungeordnet. – 30 sheets, with 29 drawings and 1 cover sheet (all colored except cover), numbered, unordered.

Nr. 218
Bild 15,1: Titelblatt: Histoire de la reine Cloche et de son joli cœur. Die Geschichte der Königin Cloche und ihres Verehrers (überwiegend ausradiert). Cover sheet: History of the queen Cloche and her admirers (mostly erased).

Nr. 219
Bild 15,2: L'AMOUR, Die Liebe, Love
Ein Paar liebt sich auf einem Bett. A couple makes love in bed.

Nr. 220
Bild 15,3: L'APRÈS-MIDI LES AMIES, Der Nachmittag Die Freundinnen (Rote und blaue Hervorhebungen), Afternoon of friends (red and blue highlights)
Ein Mann sitzt zwischen zwei halbnackten Frauen, dahinter steht eine weitere Frau. Eine vierte Frau liegt am Rand auf einem Bett. A man sits between two nude women, behind them stands another woman, a fourth woman sleeps at the side on a bed.

Nr. 221
Bild 15,4: ohne Titel, Untitled
Ein Mann steht zwischen zwei Frauen vor einer Bar. A man stands between two women in front of a bar.

Nr. 222
Bild 15,5: ohne Titel, Untitled
Männer und Frauen gehen auf der Straße spazieren. A street scene with three women and two men taking a walk.

Nr. 223
Bild 15,6: ohne Titel (Querformat), Untitled (horizontal format)
Eine nackte Frau sitzt auf einem Bett, daneben stehen zwei weitere halbbekleidete Frauen vor einer offenen Tür, durch die zwei bekleidete Männer treten. A naked woman sits on a bed; two semi nude women stand by the door, through which two dressed men enter.

Nr. 224
Bild 15,7: ohne Titel (Querformat), Untitled (horizontal format)
Ein Paar liebt sich. A couple makes love in bed.

Nr. 225
Bild 15,8: ohne Titel (Querformat), Untitled (horizontal format)
Drei Paare sitzen an einem Tisch. Three couples sit at a table.

Nr. 226
Bild 15,9: RÉCONCILIÉS, Versöhnt (Rote und blaue Hervorhebungen), Reconciliation (red and blue highlights)
Eine halbnackte Frau küßt einen Mann, daneben steht eine weitere Frau. A semi nude woman kisses a man; nearby stands another woman.

Nr. 227
Bild 15,10: JALOUSIE, Eifersucht (Rote und blaue Hervorhebungen), Jealousy (red and blue highlights)
Eine nackte Frau liegt auf einem Bett, davor steht eine weitere nackte Frau, daneben ein nackter Mann. Two nude women and a nude man.

Nr. 228
Bild 15,11: LA PRÉSENTATION, Die Vorführung (Rote und blaue Hervorhebungen), Exhibition (red and blue highlights)
Einer Frau mit entblößten Brüsten werden von zwei Männern die Hände geküßt. Im Hintergrund eine Theke, ein Orchester, Logen und eine Bühne zu sehen. Two men kiss the hands of a large topless woman; in background stage and audience.

Nr. 229
Bild 15,12: ON FAIT CONNAISSANCE, Man lernt sich kennen, Getting acquainted
Eine nackte Frau sitzt auf einem Stuhl neben einem bekleideten Mann. Im Hintergrund lieben sich zwei Männer. A nude woman is seated next to a dressed man; two men make love in the background.

Nr. 230
Bild 15,13: LE SOUPER TRAGIQUE, Das tragische Mahl (Rote und blaue Hervorhebungen), The tragic meal (red and blue highlights)
Eine halbbekleidete Frau sitzt mit drei Männern an einem Tisch. Dahinter steht eine andere Frau in der Tür und weist mit dem Finger auf sie. A nude woman sits at a table with three men; a dressed woman stands at the right and points to the nude female.

Nr. 231
Bild 15,14: TOUT S'ARRANGE, Alles kommt in Ordnung (Rote und blaue Hervorhebungen), Everything is fixed (red and blue highlights)
Zwei Frauen lieben sich auf einem Bett, davor kniet ein Mann, zwei weitere Männer sitzen auf Stühlen. Two nude women make love; a man kneels in front and two men sit in background.

Nr. 232
Bild 15,15: LES AFFAIRES, Die Liebschaften, Amours
Ein bekleideter Mann steht zwischen zwei spärlich bekleideten Frauen. Two topless women with coats and hats stand with a dressed man.

Nr. 233
Bild 15,16: LA RENTRÉE, Die Rückkehr (Rote und blaue Hervorhebungen), The return (red and blue highlights)
Eine nackte Frau liegt mit gespreizten Beinen vor einem stehenden nackten Mann. A nude woman lounges on a couch in front of a nude man.

Nr. 234
Bild 15,17: UN REPOS BIEN GAGNÉ, Eine
wohlverdiente Ruhepause (Rote und blaue
Hervorhebungen), A well-deserved break (red and
blue highlights)
Ein Paar liebt sich auf einem Bett. A nude couple
makes love in bed.

Nr. 235
Bild 15,18: FIN DE SOUPER, Ende der Mahlzeit
(Rote und blaue Hervorhebungen), End of the meal
(red and blue highlights)
Ein Paar liebt sich auf einem Bett. Dahinter sitzen
drei Personen an einem Tisch. A nude couple makes
love in the foreground while three nudes sit at table
behind them.

Nr. 236
Bild 15,19: ohne Titel (Querformat), Untitled
(horizontal format)
Drei nackte Frauen und zwei bekleidete Männer
sitzen in einem Raum mit Säulen und Statuen an
den Wänden. Ein Mann mit Zigarre betritt den
Raum. Three nude women and two dressed men sit
in a room surrounded by columns and sculptures on
the walls.

Nr. 237
Bild 15,20: ohne Titel (Querformat), Untitled
(horizontal format)
Ein halbnacktes Paar sitzt an einem Tisch und
trinkt. A semi nude couple sits at a table and drinks.

Nr. 238
Bild 15,21: ohne Titel (Querformat), Untitled
(horizontal format)
Eine nackte Frau sitzt auf einem Bett über einem
Nachttopf, neben ihr liegt ein Mann halb auf dem
Boden. Dahinter steht eine andere nackte Frau und
schaut zu. A nude woman uses a chamber pot in
bed; a nude man lies half off the couch and a
standing nude woman watches.

Nr. 239
Bild 15,22: ohne Titel, Untitled
Eine Frau mit Brille sitzt in einem Sessel, vor ihr
steht ein nackter Jüngling. Im Hintergrund schaut
eine Frau durch einen Vorhang. A woman with
glasses sits on a chair, in front of her stands a nude
youth; another woman watches through curtains in
the background.

Nr. 240
Bild 15,23: Der Amateur (Titel fast gelöscht)
(Querformat), The amateur (title erased) (horizontal
format)
Eine nackte Frau steht auf der Bühne und wird vom
Publikum und einem Mann hinter einer Wand be-
obachtet. A woman stands before an audience as a
man peeks through the wall behind her.

Nr. 241
Bild 15,24: ohne Titel (auf Rückseite von 23,
Querformat), Untitled (verso of Der Amateur, 15.23,
horizontal format)
Eine Mann und eine Frau liegen beim Liebesspiel
auf dem Bett. A man and a woman make love in
bed.

Nr. 242
Bild 15,25: ohne Titel (Querformat), Untitled
(horizontal format)
Ein nackter Jüngling sitzt auf dem Schoß einer
nackten Frau auf einem Sessel. Eine weitere nackte
Frau schaut durch einen Vorhang zu. A nude youth
sits on the lap of a naked woman; another naked
woman peeks at them from behind curtains.

Nr. 243
Bild 15,26: ohne Titel, Untitled

Zwei nackte Frauen umarmen sich auf einem Bett.
Two nude women embrace in bed.

Nr. 244
Bild 15,27: ohne Titel (Querformat), Untitled
(horizontal format)
Eine nackte Frau liegt mit gespreizten Beinen auf
einem Bett, neben ihr sitzt ein nackter Mann in
einem Sessel. A nude woman lies in bed, next to her
a naked man sits on a chair.

Nr. 245
Bild 15,28: JEUX VARIÉS, Verschiedene Spiele,
(Rote und blaue Hervorhebungen), Diverse games
(red and blue highlights)
Eine nackte Frau sitzt vor einem nackten Mann, der
auf einer Wanne liegt. A nude woman sits in front of
a naked man in a tub.

Nr. 246
Bild 15,29: ohne Titel (auf Rückseite von 28, Rote
und blaue Hervorhebungen), Untitled (verso of Jeux
variés, 15.28, red and blue highlights)
Ein nackter Mann liegt zwischen den Beinen einer
nackten Frau auf einem Bett. A lascivious nude
woman and man.

Nr. 247
Bild 15,30: UNE VICIEUSE – LE LEVER, Eine
Lasterhafte – das Aufstehen (Rote und blaue
Hervorhebungen), Vicious awakening (numbered as
15; red and blue highlights)
Eine nackte Frau sitzt auf einer Wanne, vor ihr steht ein
nackter Mann. A seated nude woman and a standing
nude man make love.

16. LA NUIT, The night
Information: 2 Zeichnungen und ein Titelblatt (Titelblatt
beschrieben mit Buchstabenkombination: »kenHX«). –
2 drawings and 1 cover sheet (cover sheet has letter
sequence. "kenHX")

Nr. 248
Bild 16,1: Titelblatt: »LA NUIT kenHX«, cover
sheet: The night kenHX

Nr. 249
Bild 16,2: OUVERT LA NUIT, Nachts geöffnet
(Rote und blaue Hervorhebungen), Open at night
(red and blue highlights)
Eine Frau hält einem Mann, der an einem Tisch
sitzt, die Hand hin; daneben sitzt eine weitere
halbnackte Frau; im Hintergrund steht eine Frau
hinter einer Bar. A bar scene with topless women
and men.

Nr. 250*
Bild 16,3: Beautés de nuit, Schönheiten der Nacht,
Night beauties
Drei halbbekleidete Frauen gehen eine Straße
entlang. Three semi nude women walk along the
street.

BOX 3

17. Zeichnungen, die keinem Zyklus zugeordnet
werden konnten. Drawings for which no series has
been identified
Information: 44 Blatt, davon 44 Zeichnungen,
unnumeriert, ungeordnet. – 44 sheets, with
44 drawings, unnumbered, not arranged.

Nr. 251*
Bild 17,1: FAUBOURG, Vorstadt, Suburb
Zwei offensichtlich betrunkene Paare gehen eine
Straße entlang. Two drunk couples lurch down the
street arm in arm.

Nr. 252
Bild 17,2: ROCOCO, Rokoko, Rococo

Drei nackte Frauen tanzen auf einer Bühne, eine
davon hält ein Messer; davor sitzen mehrere Paare
an Tischen. Three naked women dance on a stage,
one of whom holds a knife; many couples sit at
tables in the foreground.

Nr. 253
Bild 17,3: MAISON CLOSE, Bordell (Rote und
blaue Hervorhebungen), Bordello (red and blue
highlights)
Sechs halbnackte Frauen stehen oder sitzen
nebeneinander. Six semi nude women stand or sit
near each other.

Nr. 254
Bild 17,4: LA VIE DE FAMILLE, Das
Familienleben, Family life
Zwei Frauen liegen nackt auf einem Bett, davor
steht ein Mann. Im Hintergrund sitzt eine Frau auf
einem Bett vor einem Spiegel. Two nude women lie
in bed, a man stands in front; a woman sits in bed
looking into a mirror in background.

Nr. 255
Bild 17,5: J'ATTENDS MON TOUR, Ich warte, bis
ich an der Reihe bin, I await my turn
Ein Paar liebt sich auf einem Bett, davor sitzt eine
nackte Frau auf einem Stuhl und sieht zu. A nude
couple makes love on a sofa, a naked woman sits
nearby and watches.

Nr. 256*
Bild 17,6: LE SOUTENEUR, Der Zuhälter,
Panderer
Ein Mann geht Arm in Arm mit zwei Frauen eine
Straße entlang. A man walks arm in arm down the
street with two women.

Nr. 257
Bild 17,7: LES DEUX SŒURS, Die zwei
Schwestern, The two sisters
Ein halbnackter Mann steht zwischen zwei Frauen
vor einer Tür. A semi nude man stands between two
nude women in front of a door.

Nr. 258
Bild 17,8: LA CORRECTION, Die Verbesserung
(Blaue Hervorhebungen), Enhancement (blue
highlights)
Eine nackte Frau steht vor einem sitzenden nackten
Mann. Im Hinterraum sieht man einen
schlafenden Mann in einem Bett. A nude woman
stands next to a seated nude man; in background a
man sleeps in another room.

Nr. 259
Bild 17,9: LE CARREFOUR DU CRIME, Die
Kreuzung des Verbrechens, Intersection of the crime
Ein kniender Mann wird von einem jungen Mann,
der einer Frau Geld zusteckt, mit einem Messer
bedroht. A young man threatens a kneeling man
with a knife and at the same time hands money to a
woman.

Nr. 260
Bild 17,10: LA LUNE, Der Mond (Blaue
Hervorhebungen), The moon (blue highlights)
Eine nackte Frau liegt auf einem Bett und sieht
einer fortgehenden Frau mit entblößten Brüsten
nach. A naked woman lies in bed watching a nude
woman who is walking away from her.

Nr. 261
Bild 17,11: FÊTE DE FAMILLE, Familienfeier,
Family party
Eine nackte Frau sitzt auf einem Tisch. Hinter ihr
essen und trinken eine weitere Frau und ein Mann.
A nude woman sits on top of a table, behind her a
dressed woman and man eat and drink.

Nr. 262
Bild 17,12: FERMETURE, Schließung (Rückseite beschrieben: »cheren Rueckschlaegen«; rote und blaue Hervorhebungen), Closing (red and blue highlights)
Drei Frauen und ein Mann stehen an einer Theke. Three women and one man stand at a counter.

Nr. 263
Bild 17,13: LE JOUISSEUR, Der Genießer, Epicure
Ein nackter Jüngling kniet zu Füßen einer nackten Frau, die ihn mit einem Seil um den Hals festhält. Dahinter sitzt ein betrunkener Mann mit einem Messer in der Hand an einem gedeckten Tisch. A nude youth kneels at the feet of a naked woman who is holding a rope around his neck; in the background a drunk man sits with a knife at a table.

Nr. 264
Bild 17,14: LES PUTAINS, Die Dirnen, The strumpets
Eine nackte Frau liegt auf einem Tisch. Neben ihr hockt ein bekleideter Mann, dahinter sitzen eine weitere Frau und ein bekleideter Mann. A nude woman lies on a table next to a dressed man; on the other side of the table another naked woman and suited man are seated.

Nr. 265
Bild 17,15: L'INVITÉ, Der Gast (Rückseite beschrieben mit Buchstabenkombination: »kenHX«, vgl. Titelblatt LA NUIT), The guest (reverse side written with letter sequence "kenHX", compare cover sheet 16.1)
Eine nackte Frau liegt auf einem Bett, zwischen ihren Beinen ein nackter Mann. Eine andere Frau und ein Mann schauen zu. A naked woman lies in bed with a naked man between her legs; another couple watches.

Nr. 266
Bild 17,16: ohne Titel, Untitled
Zwei Frauen und ein Mann sitzen an einem Eßtisch und werden von zwei nackten Frauen und einem nackten Mann bedient. Two women and one man sit at a table served by two nude women and one nude man.

Nr. 267*
Bild 17,17: NOLUS, Nolus
Zwei Männer schlagen sich, ein weiterer Mann liegt unter ihnen am Boden. Dicht daneben steht eine Frau und hält den einen Mann fest. Im Hintergrund sieht eine weitere Frau zu. Two men fist fight and another man lies on the ground; nearby a woman holds a man tightly; in the background another woman is shown.

Nr. 268*
Bild 17,18: SORTIE DE TABLE, Vom Tisch aufstehen, Leaving the table
Eine leichtbekleidete Frau steht zwischen zwei Männern. An den Seiten stehen weitere Frauen, im Hintergrund sitzen Paare an einem Tisch. A scantily clad woman stands between two men and other women stand at the side; couples sit at tables in the background.

Nr. 269
Bild 17,19: LA RENTRÉE, Die Rückkehr (Rote und blaue Hervorhebungen), The return (red and blue highlights)
Drei halbnackte Frauen liegen auf einem Mann. Three nude women lie on a nude man.

Nr. 270
Bild 17,20: la visite préliminaire, Die Vorbesichtigung, Preview inspection
Eine halbnackte Frau steht vor einem Mann mit offener Hose, der auf einem Tisch liegt. Dahinter steht ein Kellner. A semi nude woman sits in front of a man seated at a table; a waiter stands in the background.

Nr. 271
Bild 17,21: la douce rêverie, Die süße Träumerei (auf der Rückseite von 20), Sweet dreams (on verso of la visite préliminaire, 17.20)
Eine halbnackte Frau sitzt mit gespreizten Beinen auf einem Diwan. Dahinter stehen zwei Männer. A semi nude woman sits with opened legs on a couch; behind her two stand two men.

Nr. 272
Bild 17,22: LES LIAISONS DANGEREUSES, Gefährliche Liebschaften, Dangerous liaisons
Ein behaarter nackter Mann kniet vor einer nackten Frau, die auf einem Bett sitzt. Eine nackte Frau schaut zu. A hairy kneeling nude man kisses the hand of seated a nude woman; another naked woman stands in the doorway watching.

Nr. 273
Bild 17,23: QUE SONT ELLES DEVENUES? LES À JAMAIS DISPARUES, Was ist aus ihnen geworden? Die für immer Verschwundenen, What has become of them? Those who vanish forever?
Zehn nackte Frauen stehen um einen Mann herum an einem Tisch. Ten nude women stand around a man seated at a table.

Nr. 274
Bild 17,24: LA PAIX DU MÉNAGE, Häuslicher Friede, Domestic peace
In einem Raum mit umgestürzten Stühlen und Gläsern stehen drei Männer und drei Frauen. Eine Frau schwingt einen Stuhl, eine andere eine Flasche. Three nude women and two men stand in a room with overturned chairs and glasses.

Nr. 275
Bild 17,25: FUTILITÉS, Nichtigkeiten (auf der Rückseite von 24), Vanities (verso of La paix du ménage, 17.24)
Eine nackte Frau wird von einem bekleideten Mann umarmt. Dahinter sitzen zwei weitere nackte Frauen. A dressed man embraces a naked woman; two nude women sit behind.

Nr. 276
Bild 17,26: on sort, Man geht aus, Going out
Ein elegant gekleidetes Paar steht neben einer Frau. An elegantly dressed couple walks with another woman.

Nr. 277
Bild 17,27: ohne Titel (auf Rückseite von 26), Untitled (verso of On sort, 17.26)
Eine nackte Frau liegt mit gespreizten Beinen auf einem Tisch, an dem eine weitere Frau und ein bekleideter Mann sitzen. A naked woman sprawls on a table at which another nude woman and dressed man sits.

Nr. 278
Bild 17,28: ohne Titel, Untitled
Ein Mann küßt die Hand einer Frau, neben der eine andere Frau steht. A man kisses the hand of a woman who is next to another woman.

Nr. 279
Bild 17,29: rentrée, Rückkehr, Return
Ein Mann auf einem Stuhl steckt den Fuß zwischen die Beine einer vor ihm stehenden nackten Frau. Dahinter trinkt eine weitere nackte Frau aus einer Flasche. A man on a chair puts his foot between the legs of a nude woman standing in front of him; another naked woman drinks from a bottle behind them.

Nr. 280
Bild 17,30: ohne Titel (auf Rückseite von 29), Untitled (verso of rentrée, 17.29)
Eine nackte Frau sitzt auf dem Schoß eines Mannes vor einem Spiegel; im Vordergrund sitzt eine weitere nackte Frau auf dem Boden. A nude woman sits on the lap of a man in front of a mirror; in the foreground another nude woman sits on the ground.

Nr. 281
Bild 17,31: ohne Titel, Untitled
Zwei Frauen und ein Mann lieben sich. Two women and one man make love.

Nr. 282
Bild 17,32: ohne Titel (auf Rückseite von 31), Untitled (verso of 17.31)
Zwei nackte Frauen küssen sich auf einem Bett. Im Hintergrund steht ein nackter Mann und beobachtet sie. Two nude women kiss in bed; in the background a naked man watches them.

Nr. 283
Bild 17,33: ohne Titel, Untitled
Zwei Frauen und ein Junge treiben Liebesspiele auf einem Bett. Davor steht ein Mädchen und schaut zu. Two women and a youth make love in bed; a girl stands in front and watches.

Nr. 284
Bild 17,34: ohne Titel (auf der Rückseite von 33), Untitled (verso of 17.33)
Ein nackter Junge sitzt mit gespreizten Beinen auf einem Sofa, vor ihm steht ein Mädchen. Zwei Frauen und ein Mann sehen zu. A nude youth sits on a couch, in front of him stands a girl; two women and a man watch.

Nr. 285
Bild 17,35: ohne Titel, Untitled
Eine nackte Frau steht vor einem Mann in Matrosenkleidung, daneben steht ein Mann im Anzug und betrachtet sie. A nude woman stands in front of a sailor; a man in a suit stands next to them and watches.

Nr. 286
Bild 17,36: ohne Titel (auf Rückseite von 35), Untitled (verso of 17.35)
Ein Paar liebt sich auf einem Bett und wird von einem Mann hinter einem Vorhang beobachtet. A nude couple makes love on a sofa; a man behind a curtain watches them.

Nr. 287
Bild 17,37: l'orgie, Die Orgie, Orgy
Eine nackte Frau liegt auf einem Diwan, neben ihr sitzt ein Mann, vor dem eine weitere nackte Frau liegt; im Hintergrund steht eine Frau mit Flaschen in den Händen. A nude woman lies on a sofa, next to a man who has another naked woman in front of him; in the background a woman holds two bottles in her hands.

Nr. 288*
Bild 17,38: ohne Titel (auf Rückseite von 37), Untitled (verso of l'orgie, 17.37)
Ein Mann und eine Frau stehen vor einem Tisch, an dem weitere Personen sitzen. A man and a woman stand in front of a table, at which several people are seated.

Nr. 289
Bild 17,39: ohne Titel, Untitled (sketch without background details)
Eine bekleidete Frau steht vor zwei nackten Frauen. A dressed woman stands in front of two nude women.

Nr. 290
Bild 17,40: ohne Titel, Untitled (sketch without background details)
Eine nackte Frau hockt über einem Nachttopf, neben ihr stehen zwei nackte Jungen und eine Frau. A nude woman uses s chamber pot, next to her stands a naked youth and a woman.

Nr. 291
Bild 17,41: ohne Titel, Untitled
Ein nackter Mann liegt zwischen den Beinen einer nackten Frau. A naked man lies between the legs of a nude woman.

Nr. 292
Bild 17,42: Blatt mit zwei handgeschriebenen Zeilen Heinrich Manns: »Um sogleich zurückzunehmen, was zu viel wäre: die Europäische Föderation wird nicht sogleich«. A blank sheet with Mann's writing: "In order to immediately take back what would be too much; the European Federation is not imminent…"

Nr. 293
Bild 17,43: Le populaire, Der Beliebte, The popular one
Fünf halbnackte Frauen sitzen an einem Tisch. Im Hintergrund sitzen ein Mann und eine Frau an der Bar. Five semi nude women sit at a table; in the background a man and woman sit at a bar.

Nr. 294
Bild 17,44: ohne Titel (auf Rückseite von 43), Untitled (verso of le populaire, 17.43)
Eine nackte Frau begrüßt zwei Matrosen, die in eine Bar eintreten. A nude woman greets two sailors who enter a bar.

18. LES RÊVERIES, Träumereien, Reverie

Nr. 295
Bild 18,1: LA NUIT D'ÉTÉ, Die Sommernacht, Summer night
Eine halbbekleidete Frau liegt auf einem Diwan, durch ein Fenster schaut ein Mann herein. A semi dressed woman lounges on a sofa; a man looks through open window.

19. Unbetitelter Zyklus (1860), Untitled bordello scenes (1860)
Information: 21 Blatt, davon 21 Zeichnungen, unnumeriert, ungeordnet. – 21 sheets, with 21 drawings, unnumbered, not arranged.

Nr. 296
Bild 19,1: 1860
Vier Frauen in eleganter Garderobe mit Fächern in den Händen sitzen und stehen im Zentrum. Von hinten nähern sich zwei vornehm gekleidete Herren. Four elegantly dressed women with fans sit and stand in the center; two gentlemen walk toward them from behind.

Nr. 297
Bild 19,2: ohne Titel, Untitled
Mehrere halbnackte Paare stehen zusammen oder umarmen sich. Im Hintergrund schauen eine elegant gekleidete Frau und drei Männer mit Zylindern zu. Several semi nude couples stand together or embrace; in the background an elegantly dressed woman and three men in top hats observe.

Nr. 298
Bild 19,3: ohne Titel, Untitled
Ein spärlich bekleidetes Paar sitzt auf einem Sofa. Vor ihm auf dem Boden lieben sich zwei Männer, von denen der eine ein Messer hält. Im Hintergrund stehen ein weiteres nacktes Paar und eine bekleidete Frau. A semi dressed couple sits on a sofa; on the floor in front two men make love, one of whom holds a knife; in the background stands another nude couple and a dressed woman.

Nr. 299
Bild 19,4: ohne Titel, Untitled
Zwei Frauen lieben sich auf einem Sofa, zwei auf dem Fußboden davor. Dahinter verlassen eine nackte Frau und ein Mann den Raum. Two women make love on a sofa and two rest in front on the floor; in the back a naked woman and man leave the room.

Nr. 300
Bild 19,5: ohne Titel, Untitled
Mehrere halbnackte Frauen und Männer sitzen um einen Tisch, auf dem aus einer Torte ein Kind springt. Five semi nude women and a bearded man sit around a table; a small child jumps out of a birthday cake with candles that sits on the table.

Nr. 301
Bild 19,6: ohne Titel, Untitled
Zwei nackte Frauen und ein bekleideter Mann sitzen sich gegenüber. Dahinter liebt sich ein Paar auf einem Sofa, daneben stehen weitere halbbekleidete Frauen. Two naked women sit facing a dressed man; behind them on the sofa a couple makes love, several women nearby stand.

Nr. 302*
Bild 19,7: ohne Titel, Untitled
Eine Frau liegt in einem Sarg. Um ihn knien oder sitzen mehrere halbnackte Frauen und ein nackter Mann. Im Hintergrund steht ein bekleidetes Paar. A woman lies in a coffin, around which kneel several semi nude women and a naked man; a dressed couple stands in the background.

Nr. 303
Bild 19,8: ohne Titel, Untitled
Mehrere gutgekleidete Frauen und Männer stehen zusammen, andere Frauen streuen Blumen. Several well-dressed women and men stand together, another woman scatters flowers.

Nr. 304
Bild 19,9: ohne Titel, Untitled
Zwei Männer mit Zylindern stehen vor zwei nackten Frauen mit Fächern. Im Vordergrund sitzt eine halbnackte Frau auf einem Stuhl, neben ihr ein junger Mann auf dem Boden. Two men in top hats stand in front of two nude women with fans; in the foreground a semi nude woman sits on a chair, next to her a youth lies on the floor.

Nr. 305
Bild 19,10: ohne Titel, Untitled
Eine nackte Frau liegt auf einem Diwan. Vor ihr steht ein nackter Jüngling. Dahinter sitzen und stehen vier elegant gekleidete Frauen mit Fächern. A nude woman lies on a couch, in front of her stands a nude youth and behind her several elegantly dressed women with fans sit and stand.

Nr. 306
Bild 19,11: ohne Titel, Untitled
Eine nackte Frau mit Fächer sitzt neben einem Mann mit Zylinder. Davor und dahinter stehen drei bekleidete Frauen mit Fächern und schauen sie an. A naked woman with a fan sits next to a man with a top hat; in front and behind them stand several dressed women with fans.

Nr. 307
Bild 19,12: ohne Titel, Untitled
Zwei halbnackte Frauen sitzen auf einem Sofa. Vor ihnen steht eine weitere Frau, hinter der ein nackter Junge sitzt und ihre Hand hält. Im Hintergrund stehen zwei weitere Frauen. Two semi nude women sit on a sofa; in front of them stands another woman who holds the hand of a naked youth. In the background stand two other naked women.

Nr. 308
Bild 19,13: ohne Titel, Untitled
Zwei Frauen lieben sich auf einem Diwan, an den sich eine weitere Frau lehnt und zuschaut. Im Hintergrund verläßt ein gutgekleidetes Paar den Raum. Two women make love on a sofa onto which another woman leans and watches; in the background a well dressed couple leaves the room.

Nr. 309
Bild 19,14: ohne Titel, Untitled
Ein Paar liebt sich auf einem Diwan. Auf dem Boden davor beschäftigen sich zwei Frauen mit einem nackten Jungen. Im Hintergrund stehen weitere Personen. A couple makes love on the couch while two women and a naked youth cavort on the floor in front of them; others stand in the background.

Nr. 310
Bild 19,15: ohne Titel, Untitled
Ein Mann mit Zylinder begrüßt einen wie ein Mädchen gekleideten Jungen. An den Seiten und dahinter stehen vier Frauen und ein weiterer Junge. A bearded man with a top hat shakes hands with a girl dressed like a boy; in the background four women and another youth stand.

Nr. 311
Bild 19,16: ohne Titel, Untitled
Ein Mann mit Bart sitzt auf einem Sofa, umgeben von drei halbnackten Frauen. Im Hintergrund verläßt eine Frau mit Fächer den Raum. A bearded man sits on a couch surrounded by three nude women; in the background a woman departs holding a fan.

Nr. 312
Bild 19,17: ohne Titel, Untitled
Ein Mann mit einem Messer in der Brust liegt auf dem Boden, ein Mann im Anzug und zwei Frauen schauen auf ihn hinab. Im Vordergrund steht eine Frau mit Fächer neben einem nackten Jüngling. A man with a knife in his chest lies on the ground surrounded by a suited man and two women; in the foreground a woman with a fan stands next to a nude youth.

Nr. 313
Bild 19,18: ohne Titel, Untitled
Ein Mann mit Zylinder wird von einer nackten Frau aus dem Raum geleitet und läßt dabei Geld in die Hand einer anderen Frau auf einem Sofa fallen. Im Vordergrund stehen eine weitere nackte Frau und ein Mann. A man with a top hat who is led from the room by a nude woman gives money to another woman seated on a couch; in the foreground stands another nude woman and man.

Nr. 314
Bild 19,19: ohne Titel, Untitled
Ein Mann mit Zylinder hält eine nackte Frau mit Fächer bei den Händen. Dahinter sitzt ein Paar auf einem Sofa, eine weitere Frau verläßt den Raum. A man wearing a top hat holds hands with a nude woman with a fan; behind them on the couch sits another couple, in the background a woman leaves the room.

Nr. 315
Bild 19,20: ohne Titel, Untitled
Vor einem Tisch, an dem Männer mit Spielkarten sitzen, steht ein Mann mit Spitzbart und zeigt auf eine nackte Frau mit Fächer. Im Hintergrund sitzen weitere halbnackte Frauen mit Fächern. In front of a table at which men play cards, a bearded man

stands and points to a nude woman with a fan; other naked women with fans sit in the background.

Nr. 316
Bild 19,21: ohne Titel, Untitled
Eine Frau mit entblößter Brust sitzt auf einem Sofa, vor ihr steht ein Mann im Anzug. Zu ihrer Rechten stehen ein Mann mit Zylinder und eine weinende Frau mit Fächer. A topless woman sits on couch, in front of her stands a man; at her right stands another man with a top hat and a crying woman holds a fan.

20. LE PETIT, Der Kleine, The little one
Information: 3 Blatt mit 6 Zeichnungen, beidseitig, durchscheinend, unnumeriert, ungeordnet. – 3 sheets with 6 drawings, two-sided, transparent, unnumbered, not arranged.

Nr. 317
Bild 20,1: LE PETIT, The little one
Drei nackte Frauen sitzen an einem Tisch, eine steht daneben, eine weitere sitzt dahinter an einer Bar. Im Hintergrund betreten Männer den Raum. Three naked women sit around a table, one stands behind, and another sits at a bar; in the background men enter the room.

Nr. 318
Bild 20,2: ohne Titel (auf Rückseite von 1), Untitled (verso of Le petit, 20.1)
Drei nackte Paare vergnügen sich miteinander, ein weiterer Mann wird von zwei nackten Frauen an einer Bar umgarnt. Dahinter steht eine Frau mit verschränkten Armen und betrachtet sie. Three naked couples cavort and two naked women at a bar ensnare another man; a woman with crossed arms watches them from behind.

Nr. 319
Bild 20,3: ohne Titel, Untitled
Eine Frau und ein Mann stehen zusammen vor der Bar. Im Hintergrund führen mehrere nackte Frauen einige Männer auf Räume mit Betten zu. A woman and man stand together in front of a bar; in the background a group of nude woman lead several men upstairs to bedrooms.

Nr. 320
Bild 20,4: ohne Titel (auf Rückseite von 3), Untitled (verso of 20.3)
Zwei nackte Frauen ziehen einem Mann die Hose aus, während er einem Barkeeper Papiere reicht. Im Hintergrund sitzt eine weitere nackte Frau auf einem Barhocker. Two naked women remove a man's pants while he hands papers to the bartender; in the background a nude woman sits on a barstool.

Nr. 321
Bild 20,5: ohne Titel, Untitled
Ein Mann sitzt auf einem Diwan, um ihn herum sitzen und stehen mehrere nackte Frauen und betrachten ihn. Im Hintergrund steht ein weiterer Mann zwischen zwei nackten Frauen. A man sits on a sofa surrounded by eight nude women who watch him; in the background another man stands between two naked women.

Nr. 322
Bild 20,6: ohne Titel (auf Rückseite von 5), Untitled (verso of 20.5)
Zwei nackte Frauen halten einen kleinen Mann an den Händen. Im Hintergrund sind weitere nackte Frauen und Paare zu sehen. Two nude women hold hands with a small man; in the background other nude women and couples are shown.

21. LES AVENTURES D'EDMOND, Die Abenteuer von Edmond, The adventures of Edmond

Information: 3 Blatt mit 6 Zeichnungen, beidseitig, durchscheinend, unnumeriert, ungeordnet. – 3 sheets with 6 drawings, two-sided, transparent, unnumbered, not arranged.

Nr. 323
Bild 21,1: LES AVENTURES D'EDMOND, The adventures of Edmond
Ein Mann und eine Frau gehen Arm in Arm eine Straße entlang, hinter ihnen steht ein bärtiger Mann. Um sie herum flanieren andere Männer und Frauen. A man and a woman walk arm in arm along a street, behind them stands a bearded man; others stroll around.

Nr. 324
Bild 21,2: ohne Titel (auf Rückseite von 1), Untitled (verso of 21.1)
Der bärtige Mann sitzt zwischen zwei Frauen; im Hintergrund sitzen mehrere Paare an einer Bar. A bearded man sits between two women; in the background many couples sit at a bar.

Nr. 325
Bild 21,3: ohne Titel, Untitled
Der bärtige Mann geht mit den zwei Frauen davon. Im Vordergrund sitzt eine halbnackte Frau in einem Sessel. A bearded man walks away with two women, in the foreground a semi nude woman sits on a chair.

Nr. 326
Bild 21,4: ohne Titel (auf Rückseite von 3), Untitled (verso of 21.3)
Eine nackte Frau liegt auf einem Bett. Davor steht ein nackter Mann, der nach ihrem Schenkel greift. Hinter dem Bett sitzt der bärtige Mann neben einer weiteren nackten Frau. A nude woman lies face up on a bed, in front of her stands a naked man who holds her thigh; behind the bed sits a bearded man next to other nude women.

Nr. 327
Bild 21,5: ohne Titel, Untitled
Zwei nackte Frauen lieben sich auf einem Bett. Der bärtige Mann schaut zu ihnen hin, während er mit einem weiteren bekleideten Mann den Raum verläßt. Two naked women make love in bed; a bearded man watches them while other dressed men leave the room.

Nr. 328
Bild 21,6: ohne Titel (auf Rückseite von 5), Untitled (verso of 21.5)
Der bärtige Mann sitzt an einem Tisch und wird von vier halbnackten Frauen umgarnt. Davor und dahinter stehen zwei weitere Paare. The bearded man sits at a table ensnared by four nude women; in front and behind stand other couples.

22. LE MARIAGE, Die Hochzeit, Marriage
Information: 4 Blatt mit 8 Zeichnungen, beidseitig, durchscheinend, unnumeriert, ungeordnet. – 4 sheets with 8 drawings, two-sided, transparent, unnumbered, not arranged.

Nr. 329
Bild 22,1: LE MARIAGE, Marriage
Ein Mann und eine Frau in Festgarderobe gehen Arm in Arm, daneben steht eine weitere Frau. Im Hintergrund sind elegant gekleidete Paare und ein Geigenspieler zu sehen. A man and a woman walk arm in arm, next to them stands another woman; in the background other elegantly dressed couples and a violin player are shown.

Nr. 330
Bild 22,2: ohne Titel (auf Rückseite von 1), Untitled (verso of 22.1)

Das Paar und die andere Frau von Bild 1 sitzen im Vordergrund an einem Tisch, dahinter sitzen weitere Paare. The couple and woman from image 1 sit in the foreground at a table; behind them sit other couples.

Nr. 331
Bild 22,3: ohne Titel, Untitled
Drei nackte Frauen mit je einem Ball in der Hand stehen auf kleinen Podesten in einem Park. Hinter ihnen stehen zwei Männer. Three naked women balance on pedestals in a park while holding balls in their hands; behind them stand two dressed men

Nr. 332
Bild 22,4: ohne Titel (auf Rückseite von 3), Untitled (verso of 22.3)
Ein Paar liebt sich auf einem Diwan. Durch ein Fenster schaut ein Mann mit zwei nackten Frauen zu. A couple makes love on a couch, watched through a window by man and two nude women.

Nr. 333
Bild 22,5: ohne Titel, Untitled
Zwei Frauen streiten sich, ein Mann steht daneben. Im Hintergrund sitzt eine weitere Frau in einem Sessel. Vor einem Bücherschrank steht ein Mann und gibt einem anderen Mann hinter einem Schreibtisch ein Papier. Two women fight with a man standing next to them; in the background sits a woman on a chair. In front of a bookcase a man passes papers to another man standing behind his desk.

Nr. 334
Bild 22,6: ohne Titel (auf Rückseite von 5), Untitled (verso of 22.5)
Ein Paar geht eine Straße entlang. Die Frau sieht sich nach einem Mann um, der hinter ihr mit zwei Frauen ein Haus verläßt. A couple walks along a street; a woman looks over her shoulder at a mustached man who leaves a house with two women.

Nr. 335
Bild 22,7: ohne Titel, Untitled
Viele halbnackte Frauen und Männer sitzen oder stehen zusammen. An der Seite steht ein Mann und schaut zu. Many semi nude women and men sit and stand together; a man stands off to the side and looks on.

Nr. 336
Bild 22,8: ohne Titel (auf Rückseite von 7), Untitled (verso of 22.7)
Auf einem Bett treiben ein Mann und zwei Frauen Liebesspiele. Dahinter steht ein Mann und sieht eine Frau an, die im Vordergrund steht. A man and two women cavort in bed; behind them stands a man who looks at a woman in the foreground.

23. LES AVENTURES D'ESTELLE, Die Abenteuer von Estelle, The adventures of Estelle
Information: 10 Blatt mit 20 Zeichnungen, beidseitig, durchscheinend, unnumeriert, ungeordnet. Der Titel des Zyklus steht auf der 1. Zeichnung. – 10 sheets with 20 drawings, two-sided, transparent, unnumbered, not arranged. The title of the series is on image 23.1.

Nr. 337
Bild 23,1: LE FOYER, Das Foyer, The foyer
Ein nacktes weibliches Paar liebt sich im Stehen, ein weiteres dahinter auf einem Sofa. Beide werden von einem Mann beobachtet. A female couple makes love while standing; another couple does the same on a couch. A dressed man watches both couples.

Nr. 338
Bild 23,2: ohne Titel (auf Rückseite von 1), Untitled (verso of 23.1)
Ein Mann und vier nackte Frauen vergnügen sich auf einer Couch. A man and four nude women cavort on a couch.

Nr. 339
Bild 23,3: ohne Titel, Untitled
Ein Mann und eine Frau umarmen sich. Im Hintergrund stehen vier weitere Frauen und ein Mann und schauen zu. A man and a woman embrace; in the background four women and one man stand and watch.

Nr. 340
Bild 23,4: ohne Titel (auf Rückseite von 3), Untitled (verso of 23.3)
Ein Paar küßt sich auf einem Sofa, ein anderes daneben im Stehen. Im Hintergrund sitzen Frauen an einer Bar. A couple kisses on a couch, another kisses while standing; in the background two women sit on barstools.

Nr. 341
Bild 23,5: ohne Titel, Untitled
Ein bekleideter Mann steht zwischen zwei Frauen mit entblößten Brüsten. Im Hintergrund ist ein Bett zu sehen. A dressed man stands between two topless women in front of a bed.

Nr. 342
Bild 23,6: ohne Titel (auf Rückseite von 5), Untitled (verso of 23.5)
Ein nackter Mann beugt sich über eine nackte Frau auf einem Bett. Daneben steht eine andere nackte Frau mit einem Stock. A naked man bends over a nude woman in bed; another nude woman holds a whip.

Nr. 343
Bild 23,7: ohne Titel, Untitled
Ein stehendes nacktes Paar umarmt sich vor einem Bett. Die Frau hält einen Stock. A standing nude couple embrace in front of a bed, the woman holds a whip.

Nr. 344
Bild 23,8: ohne Titel (auf Rückseite von 7), Untitled (verso of 23.7)
Ein nacktes Paar sitzt an einem Tisch, hinter dem eine bekleidete Frau steht. A nude couple sits at a table; behind them a dressed woman stands.

Nr. 345
Bild 23,9: ohne Titel, Untitled
Im Vordergrund umarmt eine nackte Frau einen bekleideten Mann. Dahinter liegt ein nacktes Paar auf einem Bett und sieht zu. In the foreground a naked woman embraces a dressed man; behind them lies a naked couple in bed who watch.

Nr. 346
Bild 23,10: ohne Titel (auf Rückseite von 9), Untitled (verso of 23. 9)
Eine nackte Frau und ein spärlich bekleideter Mann sitzen nebeneinander auf Stühlen. Hinter ihnen bringt eine Frau eine Schüssel, zwei weitere Frauen betreten den Raum und werden von einem Mann mit Handkuß begrüßt. A nude woman and a partially dressed man sit next to each other on chairs; behind them a woman carries a bowl, while two other women walk into the room and are greeted by a man with a kisses their hands.

Nr. 347
Bild 23,11: ohne Titel, Untitled
Drei nackte Frauen und ein Mann sitzen an einem Tisch. Im Hintergrund liegt ein Paar auf einem Bett. Three nude women and a man sit at a table; in the background a couple lies in bed.

Nr. 348
Bild 23,12: ohne Titel (auf Rückseite von 11), Untitled (verso of 23.11)
Im Vordergrund stehen vier Frauen und ein Mann in Abendgarderobe. Im Hintergrund tanzen spärlich bekleidete Frauen auf einer Bühne. In the foreground four women and a man stand in a cloakroom; in the background nude women dance on a stage.

Nr. 349
Bild 23,13: ohne Titel, Untitled
Zwei Frauen sitzen auf einem Diwan. Eine wird von einem stehenden Mann zu ihrer Rechten an der Hand gehalten. Two women sit on a couch, one of whom holds the hand of a standing man.

Nr. 350
Bild 23,14: ohne Titel (auf Rückseite von 13), Untitled (verso of 23.13)
Auf einer Bühne tanzen eine nackte Frau und ein Mann, hinter den Publikumsreihen steht eine bekleidete Frau und hält einen Blumenstrauß hoch. A nude woman and man dance on a stage; behind the audience a woman holds a bouquet of flowers above her head.

Nr. 351
Bild 23,15: ohne Titel, Untitled
Ein nacktes Paar umarmt sich vor einem Bett. An den Seiten sind lange Vorhänge zu sehen. A nude couple embraces in front of a bed with long curtains at the side.

Nr. 352
Bild 23,16: ohne Titel (auf Rückseite von 15), Untitled (verso of 23.15)
Ein Paar liebt sich auf einem Bett. Daneben stehen zwei halbnackte Frauen. Im Hintergrund stehen eine weitere halbnackte Frau und ein bekleideter Mann vor einem geschlossenen Vorhang. A couple makes love on a bed, behind them stand two topless women; in the background a topless woman and man stand with a stage curtain behind them.

Nr. 353
Bild 23,17: ohne Titel, Untitled
Auf einer Bühne liebt sich ein Paar vor Publikum auf einem Bett. Ein Polizist nähert sich auf der Bühne. A nude couple makes love on a stage in front of an audience; a police officer approaches the stage.

Nr. 354
Bild 23,18: ohne Titel (auf Rückseite von 17), Untitled (verso of 23.17)
Eine halbnackte Frau betritt einen Wagen, in dem bereits weitere nackte Frauen sitzen. Im Hintergrund unterhalten sich ein bärtiger Mann und ein Polizist. A semi nude woman climbs into a paddy wagon, in which other naked women already sit; in the background a bearded man and a police officer converse.

Nr. 355
Bild 23,19: ohne Titel, Untitled
Im Vordergrund umarmen sich drei halbnackte Paare. Im Hintergrund sind vier nackte Frauen zu sehen. Eine Gestalt späht durch einen Türschlitz in den Raum. Three semi nude couples embrace in the foreground; four naked women are in the background; at the rear a figure peeks through a crack in the door.

Nr. 356
Bild 23,20: ohne Titel (auf Rückseite von 19), Untitled (verso of 23.19)
Ein nacktes Paar kniet auf einem Bett, betrachtet von anderen nackten Frauen und bekleideten Männern im Hintergrund. A nude couple kneels on a couch watched by several nude women and dressed men in the background.

24. L'ENVOÛTEMENT DES HOMMES D'AFFAIRES, Die Verzauberung der Geschäftsmänner, The enchantment of business men
Information: 4 Blatt mit 8 Zeichnungen, beidseitig, durchscheinend, unnumeriert, ungeordnet. Der Titel steht auf der ersten Zeichnung. – 4 sheets with 8 drawings, two-sided, transparent, unnumbered, not arranged. The title is on image 24.1.

Nr. 357
Bild 24,1: L'ENVOÛTEMENT DES HOMMES D'AFFAIRES, Die Verzauberung der Geschäftsmänner, The enchantment of business men
Zwei Frauen gehen Arm in Arm durch einen Park. Neben ihnen steht ein Mann. Two women walk arm in arm through a park; a man stands near them.

Nr. 358
Bild 24,2: ohne Titel (auf Rückseite von 1), Untitled (verso of 24.1)
Eine Frau sitzt in einem Restaurant mit einem Paar zu ihrer Linken und einem Mann zu ihrer Rechten, dahinter andere Gäste und Tanzpaare. A woman sits in a restaurant with a couple at her left and a man to her right; behind them are other guests and dancers.

Nr. 359
Bild 24,3: ohne Titel, Untitled
Im Vordergrund sitzen sich zwei Frauen auf dem Schoß, daneben zwei Männer. Dahinter tanzen ein Mann und eine Frau miteinander, zwei Frauen gehen Arm in Arm fort. In the foreground two women sit next to two men; behind them dances a couple and two women walk away arm in arm.

Nr. 360
Bild 24,4: ohne Titel (auf Rückseite von 3), Untitled (verso of 24.3)
Eine nackte Frau sitzt mit gespreizten Beinen unter einem Baum, eine weitere nackte Frau wird von einem Mann weggetragen. Im Hintergrund rudert ein Paar in einem Boot. A nude woman sits suggestively under a tree while another topless woman is carried away by a man; in the background a couple sits in a rowboat.

Nr. 361
Bild 24,5: ohne Titel, Untitled
Eine stehende, spärlich bekleidete Frau winkt einem bekleideten Mann. Zwischen ihnen sitzt eine weitere nackte Frau. A standing semi nude woman waves to a dressed man; between them sits another naked woman.

Nr. 362
Bild 24,6: ohne Titel (auf Rückseite von 5), Untitled (verso of 24.5)
Eine nackte Frau, hinter der ein Mann ein Tuch hochhält, steht in einer Garderobe. Vor ihr betrachtet sich eine halbbekleidete Frau im Spiegel, im Hintergrund schaut eine bekleidete Frau zu. A nude woman stands in a cloakroom; behind her a man holds a piece of cloth; in front of her a semi nude woman looks at herself in a mirror while another dressed woman watches from the background.

Nr. 363
Bild 24,7: ohne Titel, Untitled
Eine stehende nackte Frau und ein Mann beschäftigen sich miteinander. Hinter ihnen liegt eine nackte Frau mit gespreizten Beinen und geschlossenen Augen auf einem Bett. A standing nude woman and man make love; in the background a nude woman lies in bed with closed eyes.

Nr. 364
Bild 24,8: ohne Titel (auf Rückseite von 7)
Ein Paar liebt sich auf dem Fußboden. Hinter ihnen

liegt eine Frau auf einem Bett. A couple makes love on the floor; behind them a woman lies in bed.

25. LE RETOUR, Die Rückkehr, The return
Information: 3 Blatt mit 6 Zeichnungen, beidseitig, durchscheinend, unnumeriert, ungeordnet. – 3 sheets with 6 drawings, two-sided, transparent, unnumbered, not arranged.

Nr. 365
Bild 25,1: LE RETOUR, The return
Ein Mann geht Arm in Arm mit zwei Frauen eine Straße entlang. A man and two women walk down the street.

Nr. 366
Bild 25,2: ohne Titel (auf der Rückseite von 1), Untitled (verso of Le retour, 25.1)
Ein Mann steht auf der Türschwelle und empfängt die Personen von Bild 1. A man stands in a doorway and greets the group from image 25.1.

Nr. 367
Bild 25,3: ohne Titel, Untitled
Zwei Frauen und ein Mann sitzen an einem gedeckten Tisch. Hinter ihnen sitzen weitere Männer und Frauen, im Hintergrund spielt eine Tanzkapelle. Two women and a man sit at a table; behind them other men and women are seated while a dance orchestra plays.

Nr. 368
Bild 25,4: ohne Titel (auf Rückseite von 3), Untitled (verso of 25.3)
Eine Frau sitzt auf einer Couch und blickt zu einem nackten Paar, das sich auf dem Stuhl neben ihr liebt. A woman sits on a couch and watches a nude couple making love on a chair next to her.

Nr. 369
Bild 25,5: ohne Titel, Untitled
Zwei nackte Frauen umarmen sich. Hinter ihnen sitzt ein Mann an einem Tisch und schaut rauchend in die andere Richtung. Two nude women embrace; behind them a man sits at a table smoking, looking in the other direction.

Nr. 370
Bild 25,6: ohne Titel (auf Rückseite von 5), Untitled (verso of 25.5)
Ein Mann mit einem Weinglas sitzt an einem Tisch und betrachtet ein Bild an der Wand, auf dem sich zwei Frauen lieben. A man with a wine glass sits at a table and looks at a painting that depicts two women making love.

26. Unbetitelter Zyklus, Untitled series
Information: 2 Blatt mit 4 Zeichnungen, beidseitig, durchscheinend. – 2 sheets with 4 drawings, two-sided, transparent.

Nr. 371
Bild 26,1: ohne Titel, Untitled
Zwei Frauen mit entblößter Brust sitzen mit einem bekleideten Mann an einem Eßtisch. Im Hintergrund steht ein Bett. Two topless women sit at a dining table with dressed man; a bed is in the background.

Nr. 372
Bild 26,2: ohne Titel (auf Rückseite von 1), Untitled (verso of 26.1)
Eine nackte Frau sitzt auf einem Bett, an dessen Ende eine weitere unbekleidete Frau steht und sie anschaut. Im Hintergrund lehnt sich ein Mann an einen Tisch. A nude woman sits in bed and another naked woman stands at the foot of the bed and watches her; in the background a man leans against a table.

Nr. 373
Bild 26,3: ohne Titel, Untitled
Zwei nackte Frauen liegen in eindeutiger Position auf einem Bett. Dicht daneben steht ein bekleideter Mann und sieht ihnen zu. Two nude women cavort in bed; nearby stands a man watching them.

Nr. 374
Bild 26,4: ohne Titel (auf Rückseite von 3), Untitled (verso of 26.3)
Ein stehendes Paar küßt sich, neben ihnen verläßt eine Frau den Raum. Durch die offene Tür schaut ein Mann herein. A standing couple kisses while a woman leaves the room; a man looks into the room through an open door.

27. LA NUIT ENCHANTÉE, Die verzauberte Nacht, The enchanted night
Information: 2 Blatt, vier Zeichnungen, beidseitig, durchscheinend. – 2 sheets with 4 drawings, two-sided, transparent.

Nr. 375
Bild 27,1: LA NUIT ENCHANTÉE, Die verzauberte Nacht, The enchanted night
Ein Paar liegt auf einem Diwan und liebt sich, umgeben von nackten Männern und Frauen. A couple makes love on a couch surrounded by other naked men and women.

Nr. 376
Bild 27,2: ohne Titel (auf Rückseite von 1), Untitled (verso of La nuit enchantée, 27.1)
Eine halbnackte Frau begrüßt zwei Jungen auf einer Türschwelle. Davor sitzt auf der Straße ein Paar, ein anderer Mann geht vorbei. A semi nude woman greets two youths from an open door; a couple sits in front on the street while another man walks by.

Nr. 377
Bild 27,3: ohne Titel, Untitled
Eine halbnackte Frau steht mit zwei Jungen in einer geöffneten Tür, hinter der ein Bett zu sehen ist. Daneben umarmt sich ein Paar, hinter dem eine nackte Frau auf einem Sofa sitzt. A semi nude woman and two youths stand in an open door; behind them a couple embraces on a bed, a naked woman sits nearby on a sofa.

Nr. 378
Bild 27,4: ohne Titel (auf Rückseite von 3?), Untitled (verso of 27.3?)
Eine nackte Frau treibt mit zwei Jungen auf einem Bett Liebesspiele, beobachtet von einem auf dem Boden knienden Mann. Im Vordergrund steht eine halbnackte Frau und lächelt. A woman makes love with two youths in bed while a kneeling man observes from the floor; in the foreground a topless woman stands and smiles.

28. LE CAPRICES DE L'HÉRITIÈRE, Die Launen der Erbin, The whims of an heiress
Information: 1 Blatt, 2 Zeichnungen, beidseitig, durchscheinend. – 1 sheet with 2 drawings, two-sided, transparent.

Nr. 379
Bild 28,1: LES CAPRICES DE L'HÉRITIÈRE, The whims of an heiress
Eine nackte Frau mit Blumen in der Hand steht singend vor einem Mann am Klavier. Neben ihr sitzt eine halbbekleidete Frau auf einem Stuhl. Im Hintergrund stehen und sitzen weitere Männer und Frauen. A nude woman with flowers in her hands stands singing in front of a man at a piano; next to her sits another semi nude woman on a chair; in the background stand and sit other men and women.

Nr. 380
Bild 28,2: ohne Titel (auf der Rückseite von 1), Untitled (verso of Les caprices de l'héritière, 28.1)
Eine Gesellschaft von neun zumeist nackten Männern und Frauen sitzt an einem Tisch und wird von drei Kellnern bedient. A group of nine nude men and women sit around a table served by three waiters.

29. Unbetitelter Zyklus, Untitled series
Information: 1 Blatt, 2 Zeichnungen. – 1 sheet with 2 drawings.

Nr. 381
Bild 29,1: ohne Titel, Untitled
Zwei Frauen tanzen nackt. Im Vordergrund liegen weitere Frauen. Two women dance naked; other women lie in the foreground.

Nr. 382
Bild 29,2: ohne Titel (auf Rückseite von 1), Untitled (verso of 29.1)
Zwei Paare umarmen sich auf einer langen Couch. Im Hintergrund sind weitere Paare zu sehen. Two couples embrace on a long couch in the foreground, behind them are other couples.

30. L'ÂME SŒUR, Die verwandte Seele, Kindred spirit
Information: 1 Blatt, 2 Zeichnungen, beidseitig, durchscheinend. – 1 sheet with 2 drawings, two-sided, transparent.

Nr. 383
Bild 30,1: L'ÂME SŒUR, Kindred spirit
Ein Mann und eine Frau stehen Hand in Hand neben einem Schreibtisch. Hinter ihnen steht ein Bett. A man and a woman stand holding hands next to a desk; a bed is behind them.

Nr. 384
Bild 30,2: ohne Titel (auf Rückseite von 1), Untitled (verso of 30.1)
Eine nackte Frau sitzt neben einem halbbekleideten Mann auf einem Bett. A naked woman sits next to a semi nude man on a bed.

31. RÉOUVERTURE, Wiedereröffnung, Reopening
Information: 7 Blatt, 14 Zeichnungen, beidseitig, durchscheinend. – 7 sheets with 14 drawings, two-sided, transparent.

Nr. 385
Bild 31,1: RÉOUVERTURE, Reopening
Eine halbnackte Frau steht neben einem bekleideten Mann. Im Hintergrund sitzen jeweils zwei weitere halbnackte Frauen und bekleidete Männer. A semi nude woman stands next to a dressed man; in the background sit other nude women and dressed men.

Nr. 386
Bild 31,2: ohne Titel (auf Rückseite von 1), Untitled (verso of Réouverture, 31.1)
Ein nackter Mann liegt auf einer nackten Frau auf einem Sofa. Daneben lehnt eine weitere nackte Frau. A naked man lies on top of a nude woman on a sofa; next to them leans a nude woman.

Nr. 387
Bild 31,3: ohne Titel, Untitled
Eine halbbekleidete Frau steht neben einem bekleideten Mann. Hinter ihnen sitzen Paare an Tischen und eine Frau an einer Bar. A topless woman stands next to dressed man; behind them sit several couples at tables and a woman sits at the bar.

Nr. 388
Bild 31,4: ohne Titel (auf Rückseite von 3), Untitled (verso of 31.3)

Zwei halbbekleidete Frauen sitzen auf Stühlen. Hinter ihnen steht ein bärtiger Mann. Dahinter umarmt sich ein männliches Paar an der Bar neben einer weiteren halbnackten Frau und einem Kellner. Two topless women sit on chairs and a bearded man stands behind them; in the background a male couple embrace at the bar next to a seated nude woman and the bartender.

Nr. 389
Bild 31,5: ohne Titel, Untitled
Eine nackte Frau sitzt an einer Theke. Neben ihr steht ein nackter Mann. Durch eine geöffnete Tür ist ein Bett zu sehen. A nude woman sits at the bar next to a naked man; through an open door a bed is shown in the background.

Nr. 390
Bild 31,6: ohne Titel (auf Rückseite von 5), Untitled (verso of 31.5)
Eine Frau und ein Mann in Abendgarderobe stehen vor vier halbnackten Frauen. Dahinter späht eine nackte Frau um die Ecke einer Tür. A woman and man stand in a cloakroom in front of four semi nude women; a nude woman peeks behind them around a door.

Nr. 391
Bild 31,7: ohne Titel, Untitled
Sechs nackte Frauen sitzen um einen bekleideten Mann herum. Dahinter sitzt eine weitere nackte Frau auf dem Schoß eines Mannes. Six nude women sit around a dressed man; in the background another nude woman sits on a dressed man's lap.

Nr. 392
Bild 31,8: ohne Titel (auf Rückseite von 7), Untitled (verso of 31.7)
Ein Mann und ein Jüngling schauen durch ein Fenster, in dem ein Schild mit der Aufschrift FERMÉ POUR FETE DE FAMILLE (Wegen Familienfeier geschlossen) hängt. Dahinter winkt ein weiterer Jüngling einer nackten Frau, die durch ein Fenster zu ihnen hinunterschaut. Hinter ihm sitzt eine Frau neben einem bärtigen Mann. A man and a youth look though a window, upon which hangs a sign reading "Fermé pour fête de famille" (Closed for a family celebration). Behind them another youth waves to a naked woman, who looks down at them from a window; behind her sits a woman and a bearded man.

Nr. 393
Bild 31,9: ohne Titel, Untitled
Zwischen zwei halbbekleideten Frauen sitzt ein bekleideter Mann auf einem Sofa. Im Hintergrund steht eine Schatulle, hinter der einige Schmuckstücke ausgebreitet sind. Ein weiterer Mann schaut durch eine Tür herein. A dressed man sits on a sofa between two semi nude women; in the background is a display case with jewelry and a man looking in through the door.

Nr. 394
Bild 31,10: ohne Titel (auf Rückseite von 9), Untitled (verso of 31.9)
Vier Männer sitzen mit zwei spärlich bekleideten Frauen an einem Tisch. Ihnen nähert sich ein Ober mit Tellern, hinter ihm steht eine weitere nackte Frau. Four men sit with two semi nude women around a table; a waiter approaches with plates, behind whom stands a naked woman.

Nr. 395
Bild 31,11: ohne Titel, Untitled
An einem gedeckten Tisch sitzt eine nackte Frau auf dem Schoß eines Mannes. Eine weitere nackte Frau schaut von einem Bett aus zu ihnen herüber. At a full table a nude woman sits on the lap of a naked man; behind them another naked woman sits on a bed watching.

Nr. 396
Bild 31,12: ohne Titel (auf Rückseite von 11), Untitled (verso of 31.11)
Im Vordergrund steht ein gedeckter Tisch, neben dem eine nackte Frau sitzt und ißt. Hinter ihr liegt ein nacktes Paar im Bett. A naked woman sits and eats at a table; behind her lies a naked couple in bed.

Vita

1871: 27. März: Luiz Heinrich Mann als erstes Kind von Thomas Johann Heinrich Mann und seiner Frau Julia in Lübeck geboren

1877: Wahl des Vaters zum Senator auf Lebenszeit

1889: Abgang vom Gymnasium in der 12. Klasse, Buchhandelslehre in Dresden

1890: Volontär im S. Fischer Verlag Berlin. Studien an der Friedrich-Wilhelms-Universität (bis 1892)

1891: 13. Oktober: Tod des Vaters, Liquidation der Firma. Erste Rezensionen in »Die Gesellschaft«

1893: Reisen nach Paris und Italien. Umzug der Mutter mit den drei jüngsten Geschwistern nach München

1894: In einer Familie (Roman), Herausgabe der Monatszeitschrift »Das zwanzigste Jahrhundert. Blätter für deutsche Art und Wohlfahrt« (bis 1896)

1896: Das Wunderbare (Erzählung) in »PAN«, *Der Hund* in »Simplicissimus«. Bis 1898: Aufenthalt in Rom und Palestrina, ab 1897 mit Bruder Thomas

1897: Das Wunderbare und andere Novellen

1899: Wechselnde Aufenthalte in München, Berlin und Riva am Gardasee im Sanatorium von Dr. von Hartungen (bis 1914)

1900: Im Schlaraffenland. Ein Roman unter feinen Leuten

1903: Die Göttinnen oder Die drei Romane der Herzogin von Assy, Die Jagd nach Liebe (Roman)

1905: Professor Unrat oder Das Ende eines Tyrannen (Roman), *Eine Freundschaft: Gustave Flaubert und George Sand* (Essay); Übersetzung von Choderlos de Laclos' *Liaisons dangéreuses*. Lernt Inés Schmied kennen, Trennung 1910

1906: Mnais und Ginevra, Schauspielerin, Stürmische Morgen (Novellen)

1907: Zwischen den Rassen (Roman), *Gretchen* (Novelle)

1909: Die kleine Stadt (Roman)

1910: Voltaire – Goethe (Essay), *Geist und Tat* (Essay); *Das Herz. Novellen, Variété. Ein Akt*. Selbstmord der Schwester Carla (geb. 1881)

1911: Die Rückkehr vom Hades (Novellen), *Schauspielerin* (Drama)

1912: Die große Liebe (Drama). Heinrich Mann lernt Maria Kanová kennen

1913: Madame Legros (Drama), Uraufführung 1916 in Berlin

1914: Der Untertan als Fortsetzungsroman in »Zeit im Bild«, bei Kriegsbeginn Abbruch des Abdrucks. Heirat mit Maria Kanová, Wohnsitz in München bis 1928

1915: Zola-Essay. Abbruch der Beziehungen zu Thomas Mann nach dem Erscheinen von dessen *Gedanken im Kriege*

1916: Der Untertan, Privatdruck. Geburt der Tochter Leonie

1917: Die Armen (Roman), *Brabach* (Drama). Versöhnungsversuch der Brüder

1918: Der Untertan (Roman)

1919: Macht und Mensch (Essays), *Der Weg zur Macht* (Drama), Gedenkrede auf Kurt Eisner, Ministerpräsident der bayerischen Räterepublik

1922: Aussöhnung zwischen Heinrich und Thomas Mann

1923: Diktatur der Vernunft, Essays. Tod der Mutter Julia, geb. Bruhns in Weßling/Oberbayern

1925: Der Kopf (Roman), *Kobes* (Novelle).

1927: Mutter Marie (Roman), *Victor Hugo* (Rede in Paris). Freitod der Schwester Julia (geb. 1877, verh. Löhr)

1928: Eugénie oder Die Bürgerzeit (Roman). Trennung von Maria Mann-Kanová, Wohnsitz in Berlin bis 1933

1929: Sieben Jahre, Chronik der Gedanken und Vorgänge (1921-1928). Heinrich Mann lernt Nelly Kröger kennen

1930: Die große Sache (Roman). *Der blaue Engel* (Verfilmung von Professor Unrat). Heinrich Mann läßt sich von Maria Kanová scheiden

1931: Geist und Tat, Franzosen 1780-1930 (Essays)

1932: Ein ernstes Leben (Roman), *Das öffentliche Leben* (Essays), *Das Bekenntnis zum Übernationalen* (Essay)

1933: Der Haß. Deutsche Zeitgeschichte (Essays, gewidmet »Meinem Vaterland«). Emigration über Sanary-sur-Mer nach Nizza, dort bis 1940,

Aberkennung der deutschen Staatsbürgerschaft; Engagement gegen den Faschismus; Ehrenvorsitzender des Schutzverbandes deutscher Schriftsteller in Paris; Mitglied im Vorstand des Weltkomitees gegen Krieg und Faschismus

1935: Die Jugend des Königs Henri Quatre (Roman), Ansprache vor dem Komitee gegen Faschismus und Krieg, Paris

1936: Es kommt der Tag. Deutsches Lesebuch (Essays). Erwerb der tschechischen Staatsbürgerschaft

1938: Die Vollendung des Königs Henri Quatre (Roman)

1939: Mut (Essays). Heirat mit Nelly Kröger. Verschleppung Maria Manns ins KZ Theresienstadt

1940: Flucht über Spanien und Portugal in die USA zusammen mit Nelly, Golo Mann, Franz Werfel und Alma Mahler-Werfel. Ankunft in New York; kurzer Aufenthalt bei Thomas Mann in Princeton; dann Hollywood, Vertrag mit Warner Brothers als Autor

1941: Umzug nach Los Angeles. Beginn der Arbeit an *Empfang bei der Welt*

1943: Lidice (Roman). Beginn der Arbeit an *Friedrich*

1944: Freitod Nelly Krögers (geb. 1898)

1946: Ein Zeitalter wird besichtigt (Erinnerungen)

1947: Tod Maria Mann-Kanovás (geb. 1886) an den Folgen der KZ-Haft; Ehrendoktor der Humboldt-Universität, Berlin

1948: Umzug nach Santa Monica in die Nähe des Bruders Thomas

1949: Der Atem (Roman). Tod des Bruders Viktor Mann (geb. 1890). Nationalpreis I. Klasse für Kunst und Literatur der DDR. Berufung zum ersten Präsidenten der Deutschen Akademie der Künste in Berlin

1950: 12. März: Heinrich Mann in Santa Monica gestorben und dort begraben

1956: Empfang bei der Welt (Roman)

1958/60: Die traurige Geschichte von Friedrich dem Großen (szenisches Romanfragment)

1961: Überführung der Urne auf den Dorotheenstädtischen Friedhof zu Berlin.

Chronology

1871: March 27: Luiz Heinrich Mann born in Lübeck. First child of Thomas Johann Heinrich Mann and his wife Julia

1877: Father elected Senator for life

1889: Completion of 12th grade; book trade apprenticeship in Dresden

1890: Unpaid trainee at Fischer Verlag, Berlin. Studies at Friedrich-Wilhelms-University (until 1892)

1891: October 13: Death of father and liquidation of the family company. First reviews in »Die Gesellschaft«

1893: Travels to Paris and Italy. Mother moves to Munich with three youngest siblings

1894: Novel *In einer Familie* published by monthly magazine »Das zwanzigste Jahrhundert. Blätter für deutsche Art und Wohlfahrt« (until 1896)

1896: Das Wunderbare (story) in »PAN«, *Der Hund* in »Simplicissimus«. Until 1898 lives in Rome and Palestrina, after 1897 lives with his brother Thomas

1897: Das Wunderbare und andere Novellen (novellas)

1899: Alternating stays in Munich, Berlin and Riva on Lake Garda in the sanatorium of Dr. von Hartungen (until 1914)

1900: Im Schlaraffenland. Ein Roman unter feinen Leuten (In the Land of Cockaigne) (novel)

1903: Die Göttinnen oder Die drei Romane der Herzogin von Assy, Die Jagd nach Liebe (novel)

1905: Professor Unrat oder das Ende eines Tyrannen (Small Town Tyrant) (novel), *Eine Freundschaft. Gustave Flaubert und George Sand* (essay); Translation of Choderlos de Laclos *Liaisons dangéreuses*. Meets Inés Schmied, separates in 1910

1906: Mnais und Ginevra, Schauspielerin, Stürmische Morgen (novellas)

1907: Zwischen den Rassen (novel); *Gretchen* (story)

1909: Die kleine Stadt (The Little Town) (novel)

1910: Voltaire – Goethe (essay), *Geist und Tat* (essay), *Das Herz, novellas, Variété. Ein Akt.* Sister Carla (born 1881) commits suicide

1911: Die Rückkehr vom Hades (novella), *Schauspielerin* (drama)

1912: Die große Liebe (drama). Heinrich meets Maria Kanová

1913: Madame Legros (drama), premiere in Berlin in 1916

1914: Der Untertan (The Patrioteer) as a serial novel in »Zeit im Bild«; at the beginning of the war, publication was interrupted. Marries Maria Kanová; lives in Munich until 1928

1915: Zola essay. Broke off contact with Thomas Mann after the publication of *Gedanken im Kriege*

1916: Der Untertan published privately. Birth of daughter Leonie

1917: Die Armen (novel), *Brabach* (drama). Mann brothers attempt reconciliation

1918: Der Untertan (novel)

1919: Macht und Mensch (essays), *Der Weg zur Macht* (drama), commemorative address for Kurt Eisner

1922: Reconciliation between Heinrich and Thomas Mann

1923: Diktatur der Vernunft (essays). Death of mother, Julia, neé Bruhns, in Wessling, Upper Bavaria

1925: Der Kopf (novel); *Kobes* (novella)

1927: Mutter Marie (novel), *Victor Hugo* (speech in Paris). Suicide of sister Julia (born 1877, married name Löhr)

1928: Eugénie oder Die Bürgerzeit (novel). Separation from Maria Kanová, lives in Berlin until 1933

1929: Sieben Jahre, Chronik der Gedanken und Vorgänge (1921-1928). Heinrich meets Nelly Kröger

1930: Die große Sache (novel). *Der blaue Engel (The Blue Angel)*, film version of *Professor Unrat (Small Town Tyrant)*. Heinrich divorces Maria

1931: Geist und Tat, Franzosen 1780-1939 (essays)

1932: Ein ernstes Leben (novel). *Das öffentliche Leben* (essays), *Das Bekenntnis zum Übernationalen* (essay)

1933: Der Haß. Deutsche Zeitgeschichte (essays dedicated to »my fatherland«). Emigration via

Sanary-sur-Mer to Nice, France (until 1940). Renunciation of German citizenship; involvement in anti-fascism organization; honorary chairman of Protective Association of German Writers in Paris; member of the Board of the World Committee Against War and Fascism

1935: Die Jugend des Königs Henri Quatre (Young Henry of Navarre) (novel)

1936: Es kommt der Tag. Deutsches Lesebuch (essays). Acquires Czech citizenship

1938: Die Vollendung des Königs Henri Quatre (novel)

1939: Mut (essays). Marries Nelly. Maria Mann deported to concentration camp Theresienstadt

1940: Flight via Spain and Portugal to the USA with Nelly, Golo Mann, Franz Werfel and Alma Mahler-Werfel. Arrival in New York, brief stay with Thomas Mann in Princeton, NJ, and departs for Hollywood

1941: Move to Los Angeles. Starts *Empfang bei der Welt*

1943: Lidice (novel). Starts *Friedrich*

1944: Suicide of Nelly (neé Kröger, born 1898)

1946: Ein Zeitalter wird besichtigt (An Age Is Examined) (autobiographical essay)

1947: Death of Maria Mann-Kanová (born 1886) as a result of detention in concentration camp; honorary doctorate of Humboldt-Universität, Berlin

1948: Moves to Santa Monica, near brother Thomas

1949: Der Atem (The Breath) (novel). Death of brother, Victor Mann (born 1890). National Prize, First Class for Art and Literature in the GDR. Appointment to President of the German Academy of Arts in Berlin

1950: March 12, Heinrich dies in Santa Monica and is buried there

1956: Empfang bei der Welt (novel)

1959/60: Die traurige Geschichte von Friedrich dem Großen (novel fragment)

1961: Transfer of the Manns' remains to Dorotheenstadt cemetery in Berlin.

Dank

Heinrich Mann als Zeichner: Daß diese unbekannte Seite des Schriftstellers durch den vorliegenden Band überhaupt und in dieser hohen Qualität der Öffentlichkeit bekannt gemacht werden konnte, ist vor allem Gerhard Steidl zu danken. Er ist nicht nur ein leidenschaftlicher Drucker, sondern einer der selten gewordenen Verleger im klassischen Sinne, weil er auf den ersten Blick erkannte, welch eine Sensation das Material barg, als es ihm vorgelegt wurde. Um so größeren Spaß hat die Zusammenarbeit mit ihm und seinen engagierten Mitarbeiterinnen und Mitarbeitern gemacht: mit Ilka Krepinsky, Ulrich Böttcher und Andreas Gerlts, die für die akribische High-tech-Transformation der Blätter vom Abscannen bis zur Druckvorlage zuständig waren; mit Jan Strümpel, der mit großer Sorgfalt sachkundig das Lektorat der Texte besorgte und es verstand, durch seine ruhige und geduldige Art die Einhaltung der knappen Termine zu koordinieren; sowie mit Claudia Glenewinkel, deren professionelle Öffentlichkeitsarbeit und bewundernswerte Gelassenheit dem Projekt sehr zugute kam.

Zu großem Dank verpflichtet ist der Herausgeber vor allem Professor Harold von Hofe, dem Freund und Nachlaßverwalter von Lion und Marta Feuchtwanger, Marje Schuetze-Coburn, der Leiterin der Feuchtwanger Memorial Library, sowie der University of Southern California dafür, daß sie die Originale der Zeichnungen zur Veröffentlichung bereitgestellt haben. Den beiden Enkeln Heinrich Manns wiederum, Jindrich und Ludvik Mann, ist als Erben des Schriftstellers für die Abdruckerlaubnis der gezeigten Blätter außerordentlich zu danken. Dank gebührt auch dem Verlag S. Fischer, bei dem die Werke Heinrich Manns erscheinen, dafür, daß er es dem Herausgeber ermöglicht hat, die Zeichnungen bei Steidl zu publizieren.

Hervorzuheben ist die wissenschaftliche Mitarbeit von Petra Schotte vom Heinrich-und-Thomas-Mann-Zentrum (Buddenbrookhaus) in Lübeck, insbesondere bei der kompetenten und detaillierten Zusammenstellung von Material und Unterlagen für den Textbeitrag von Hans Wißkirchen sowie für den Anhang dieses Buches. Sie unterstützte auch Marje Schuetze-Coburn bei der Zusammenstellung des Konvolutverzeichnisses und verfaßte die Vita Heinrich Manns. Wertvolle Unterstützung bei ihren Arbeiten erfuhr sie durch Sylvia Marquardt. Die Übersetzungen der französischen Textstellen des Konvoluts besorgten Birte Reitze und Stefanie Menzel. Für die – trotz eines engen zeitlichen Rahmens – präzisen und stimmigen Übertragungen auch der literarischen Texte und Zitate ins Englische zeichnet Kate Simmons verantwortlich.

Insgesamt zu Dank verpflichtet für die umfassende Unterstützung in vielen großen und kleinen Fragen sind Autoren und Herausgeber dem Heinrich-und-Thomas-Mann-Zentrum in Lübeck, den Mitarbeiterinnen und Mitarbeitern des Heinrich-Mann-Archivs in der Akademie der Künste in Berlin sowie der Heinrich-Mann-Gesellschaft. Außerdem danke ich dem Literaturwissenschaftler und Unternehmer Dr. Ulrich Fries aus Kiel, Dr. Uwe Naumann und Günter Grass für ihre Unterstützung und Beratung während der frühen Phase des Projektes sowie Nina Venus für ihre künstlerische Beurteilung.

Danken möchte ich schließlich Rechtsanwalt Joachim Kersten aus Hamburg für die juristische Beratung und Begleitung des komplexen Projektes. Nicht vergessen möchte ich Ehepartner, Freunde, Kinder aller Beteiligten, die auf manche gemeinsamen Stunden, Tage und Wochenenden haben verzichten müssen.

Volker Skierka